헤게모니
Hegemony

나의 어머니에게 바칩니다.

Hegemony by James Martin
Copyright ⓒ 2022 James Martin

All rights reserved.
This Korean edition was published by Saenggakieum Books in 2025 by arrangement with Polity Press Ltd., Cambridge through KCC(Korea Copyright Center Inc.), Seoul.

이 책은 (주)한국저작권센터(KCC)를 통한 저작권자와의 독점계약으로 도서출판 생각이음에서 출간되었습니다.
저작권법에 의해 한국 내에서 보호를 받는 저작물이므로 무단전재와 복제를 금합니다.

헤게모니
Hegemony

제임스 마틴 지음 | 안종희 옮김 | 이승원 감수

권력과 지배의 메커니즘,

그람시 사상에서 국제관계까지

생각이음

목차

1장 헤게모니란 무엇인가?_07

지도력으로서의 지배?_10 | 권력, 주체성, 윤리_14 | 전략적인 개념, 권력_15 | 경험을 포착하는, 주체성_19 | 지도자와 피지도자를 통합하는, 윤리_22 | 각 장에 대한 간략한 소개_24

2장 그람시, 헤게모니와 혁명_28

그람시의 융합_30 | 혁명과 이탈리아 국가_33 | 헤게모니와 옥중수고_40 | 동의의 구축, 국가와 시민사회_42 | 지식인, 이데올로기, 상식_50 | 혁명 윤리, '현대의 군주'_54 | 그람시의 분석에 나타난 긴장_59 | 톨리아티와 '새로운 정당'_62 | 결론_68

3장 마르크스주의, 헤게모니와 국가_70

합의 정치?_72 | 계급의식과 엘리트 문화_75 | 구조주의와 자본주의 국가_79 | 구조와 전략의 변증법?_85 | 대중문화, 이데올로기, 그리고 위기_88 | 동의의 재구축, 대처리즘에서 포퓰리즘으로_94 | 결론_106

4장   포스트-마르크스주의, 헤게모니와 급진 민주주의_108

파편화된 정치_110 | 마르크스주의를 탈구축하기_117 | 담론의 주체_124 | 급진 민주주의와 다원주의_130 | 좌파의 포퓰리즘?_136 | 결론_139

5장   국가를 넘다, 세계적 차원의 헤게모니_142

세계를 이끌어가기_145 | 그람시와 국제관계_151 | 새로운 글로벌 질서?_159 | 글로벌 주체_164 | 대항 헤게모니_169 | 결론_172

6장   헤게모니의 종말?_175

헤게모니 없는 급진 정치_178 | 권력과 존재론_183 | 정동적 주체성_190 | 헌신의 윤리_197 | 전략을 위한 계기_201 | 결론_207

감사의 글_211   참고문헌_212   찾아보기_227

일러두기

1. 이 책에 표기된 외래어는 원칙적으로 국립국어원 외래어 표기법에 따라 표기함.
2. 저자, 단행본, 논문 등의 외래어 표기는 처음 언급될 때 한글 표기와 병기하여 표기함.
3. 단행본은 겹화살괄호《 》로 신문, 잡지, 논문 등은 홑화살괄호〈 〉로 표기함.
4. 직접 인용문은 큰따옴표(" ")로, 간접 인용문은 작은따옴표(' ')로 표기함.
5. 독자의 이해를 돕기 위한 옮긴이와 편집자의 추가 설명은 해당 페이지 하단에 표기함.

1장

헤게모니란 무엇인가?

헤게모니는 특정 집단, 계급, 또는 국가의 지배에 대해 영향받는 사람들이 동의하는 사회 지도력leadership의 한 형태를 일컫는다. 이 용어는 특정 행위자, 사상 또는 제도가 가진 공식적인 지위 밖에서 획득한 비공식적 인정을 분석하는 데도 사용된다. '헤게모니'를 장악하고 있다는 것은 단순히 권력을 차지하는 것만이 아니라 지배할 권리를 널리 인정받는 데서 이익을 얻는다는 의미도 들어 있다. 현대 정치이론에서 권력은 보통 특정 개념과 원칙 -예컨대 권위, 정당성, 권리 등- 과 함께 논의된다. 이런 개념과 원칙은 공식적으로 권력을 확립하고 제한하기도 한다. 이와 달리 헤게모니는 원칙보다는 행동과 과정에 더 중점을 둔다. 이는 기본적으로 권력과 지배의 관계는 불안정하며, 통일된 목적과 방향을 투영함으로써 '이끄는' 능동적인 요소들에 의해서만 지속된다는 사실을 말해준다.

최근 정치이론에서 헤게모니는 권력관계를 정당화하기보다는 폭로하고 도전하는 일종의 '반체제dissident' 개념으로 사용된다. 이런 개념의 헤게모니는 지배적인 사회구조와 맹목적인 신념에 반대하는 급진적 비평가들이 선호한다. 지도력에 중점을 두면 경쟁자와 반대자를 지지자로 돌려세우기 위한 일부 행위자의 전략과 기술에 초점을 맞추게 된다. 이때 헤게모니는 단지 드러난 권력에 대한 설명에 그치지 않고, 권력관계가 되고 나서 이를 받아들일 만하고 더 바람직하게 만드는 데 도움이 되는 잘 의식되지 않는 조건들, 즉 지도력의 문화적 자원과 사회적 동맹과 같은 조건들에 대한 탐구를 유도한다. 이런 탐구는 대개 지도력의 영향력이 약해지면 지배가 무너질 수 있다는 이해를 바탕으로 이루어진다. 나아가 헤게모니는 권력에 저항하고, 더 공정하거나 해방된 대안 사회를 추구하는 사람들의 목표를 지칭할 수도 있다.

이 책은 정치이론에서 권력관계를 분석하고 그 변화를 상상하는 데 헤게모니를 활용해온 몇 가지 주목할 만한 방식을 소개한다. 혁명 전략에 대한 성찰, 자본주의 국가와 그 문화적 토대에 대한 탐구, '담론'과 급진 민주주의에 대한 포스트-마르크스주의 논쟁, 세계 질서에 대한 분석이 그에 해당한다. 하지만 이 책은 이론을 살펴보는 것과 함께 헤게모니 개념의 인식 범위, 적용, 영향에 어떤 중요한 차이점이 있는지에 대해서도 주목한다. 헤게모니 개념은 자주 새로운 상황에서 재창조되고, 새롭게 주목받으며, 재적용되었다. 그 과정에서 새로운 설명이 등장하면 어떤 유형의 탐구인지, 그리고 어떤 목적으로 사용될 수 있는지에 대한 의문과 갈등도 나타났다.

비판적 탐구의 한 형태로 헤게모니의 진화를 추적하면서, 나는 이 개념이 권력과 지배의 상황에 대해 **문제**를 제기하는 데 유용한 도구임을 강조한다. 헤게모니는 단순히 해답을 제공하기보다는 오히려 사람들이 지배 구조에 어떻게 연루되는지, 실제로 그런 구조에 어떻게 도전할 수 있는지 생각해보도록 촉구한다. 그럼, 이후의 장에서 다룰 내용을 살펴보기에 앞서, 헤게모니 개념을 뒷받침하는 기본적인 분석 쟁점들을 짚고 넘어가 보자.

지도력으로서의 지배?

헤게모니의 기저에 깔려있는 함의에는 역설적인 관념이 자리한다. 다시 말해 사람들은 지배를 지도력으로 느낀다는 것이다. 말하자면, 지배가 명백한 종속관계임에도 사람들이 이에 동의하는 상황을 말한다. 어떻게 이런 일이 일어날 수 있을까? 지배는 대개 사람들이 명시적인 동의**없이** 자신의 선택을 제약하는 규칙에 복종하는 힘의 불균형을 말한다. 물론 지배는 언제나 '직접적'(개인적으로 우리에게 부과되는 것)이거나 한 집단 또는 개인 단독으로 행사되는 것은 아니다. 국가, 경제체계, 사회제도의 경우 지배 구조를 수반하는 것이 일반적이다. 그런데 사람들이 그러한 제약에 '동의'한다는 말은 어떤 의미일까?

우선, 지배는 객관적이면서 주관적인 현상이라는 점에 주목해야 한다. 우리는 지배를 각자의 태도와는 무관하게 우리 외부에 있는 사회적 조건의 측면에서 이야기할 수 있다. 이를테면, 물질적 불평등을 보여주는 '사실들facts', 백인 남성이 제도적으로 권위 있는 직책 다수를 편중되게 차지하고 있는 현실, 특정 집단에 대한 편견과 폭력이 존재하는 경험적 증거 같은 것들이다. 하지만 이런 조건들이 어떻게 인식되고 연결되며, 또 '억압'으로 경험되는지는 그러한 조건들이 객관적으로 존재한다고 해서 저절로 결정되는 것은 아니다. 그러한 조건들을 사람들이 용납할 수 없을 정도로 착취적이고, 실제로 바뀔 수 있다는 생각이 들어야 억압으로 느끼게 되는 것이다. 그렇지만 불평등과 위계적 권력이 존재할 때 나타나는 한 측면은 그러한 조건들로부터 이익을 얻는 사람들이 종종 모든 사람의 상황을 해석하는 법을 규정하는 자원을 가지고 있다는 사실이다. 달리 말하면, 마르크스와 엥겔스의 유명한 표현이 보여주듯이 "지배계급의 사상이 곧 지배적인 사상이다"(1996:145). 따라서 체계적인 제약이나 배제의 조건들은 대개 여러 가지 뒤섞여 있고 겹쳐 있는 까닭에 언제나 하나의 상황으로 간주될 수 없을 뿐 아니라, 자주 치명적인 결과를 '자연스럽게' 또는 적어도 최소화하고 분리시키는 방식으로 정당화하고, 옹호하고, 선택적으로 드러낸다.

하지만 헤게모니는 단순히 노골적인 억압을 가리는 허구적 겉치레가 아니다. 불편한 현실을 감추고, 제대로 보지 못하게 주의를 돌리고, 또는 미화하기보다는 더 강력한 무언가를 함축한다. '지도력'은 공통의 목표를 향한 거침없는 집단적 움직임을 시사한다. 이끈다는 것은 강제적이 아닌 방향을 제시하고, 각자의 선택보다는 특정 선택을 사람들이 지지하게 하거나 심지어 자신의 선택으로 여기도록 고무시키는 일이다. 이렇게 하면 위계질서와 불평등이 지배가 아니라 받아들일 만하거나 불가피한 불편으로 여긴다. 많은 경우 사람들은 지도자를 따르면 궁극적으로 공동 이익이 증진되고, 현재 상황보다는 다가올 미래에 더 큰 지분을 갖게 될 것이라고 상상한다. 이런 견지에서 헤게모니는 지배를 받아들이게 하는 보다 포괄적인 방식에 초점을 맞춘다고 말할 수 있다.

여기에 중요하게 영향을 끼친 사람은 이탈리아 출신 마르크스주의자 안토니오 그람시(Antonio Gramsci, 1891-1937)이다. 1930년대에 나온 그람시의 헤게모니 사상은 사회계급들이 사회에 대해 그가 '국민-인민적national-popular' 지도력이라고 부른 것을 어떻게 행사하려는지에 대한 통찰이다. 그람시 이전까지 헤게모니는 한 도시국가, 국민국가, 집단이 정치적 동맹을 맺은 다른 집단에 대해 갖는 '우위preeminence' 또는 '패권supremacy'으로 다소 협소하게 일컬어졌다(르보우와 켈리Lebow and Kelly 2001; 앤더슨Anderson 2016: 1-11 참조). 그러다가 혁명에 관한 논쟁에 통합된 이후, 그람시가 지도력을 전반적인 계급 지배의 특징으로 설명하면서 이 개념을 풍부하게 했다. 그는 계급들의 지배가 다른 사람에게 복종하도록 언제나 강요하는 것이 아니라, 지배를 합리화하고 지지하는 광범위한 문화적·정치적 합의(포괄적인 의미에서의 소속감)에 도달해야만 이루어진다고 주장했다. 헤게모니에 대한 그람시의 설명은 안정된 사회가 특정 문화의 가치와 정치사상의 영향 아래, 특정한 사회적 동맹과 타협을 바탕으로 구축된 방식을 설명하는 데 도움을 주었다. 아울러 이 개념은 분석가들이 동의를 얻어내는 메커니즘(가령 미디어, 문화, 이데올로기)을 파악하고 헤게모니가 약해지면 갈등과 폭력이 초래될 가능성이 크다는 점에 주목하게 했다. 이후 (전부는 아니지만) 그람시가 발전시킨 이런 발상을 바탕으로 헤게모니의 개념을 적용한 다수의 견해가 나왔다.

2장에서는 그람시가 기여한 부분을 더 면밀히 살펴보겠지만, 여기서 중요하게 기억해야 할 것은 그가 말하는 헤게모니는 지배의 역설적인 상황, 즉 사람들이 특정 인물, 사상, 제도에 의한 지배를 지도력으로 받아들인다는 점을 설명한다는 사실이다. 이런 역설을 깊이 이해하지 못한다면, 헤게모니 개념을 이해하기는 더욱 어려울 것이다. 더 나쁜 상황은 헤게모니를 (그동안 그랬듯이) 분리하여 지배의 객관적 또는 주관적 차원으로만 단순 축소시키는 일이다. 이를테면, 헤게모니를 지도력이 새로 나타날 필요 없이 모든 권력관계 안에 자동으로 내재하는 어떤 구속력이나, 사람들이 현실을 직시하지 못하게 외부에서 강제되는 만연한 '지배 이데올로기'로 간주하는 일이다.

그런데 헤게모니를 통해 실제로 무언가를 분명히 이해하려면 지배의 실상과 인간 경험의 복잡성이 어떻게, 어느 정도까지, 그리고 어떤 긴장을 유발하면서 공존하는지를 탐구하기 위한 개념으로 여겨야 한다. 이는 헤게모니를 **실천**의 이름으로 이해한다는 의미이다. 다양한 규모로 이루어지는 실천은 깊이와 폭이 제각기 다르고, 확장과 축소가 일어나며, 저항과 재창조에 직면한다. 즉, 헤게모니는 정치의 또 다른 이름이다.

권력, 주체성, 윤리

이런 내용을 염두에 두고, 우리가 헤게모니에 대한 다양한 접근방식을 탐구하려면 어떤 방법이 있을까?

20세기 내내 헤게모니에 대한 논쟁은 정치이론과 분석에서 혁신을 이루는 계기였을 뿐만 아니라 의견 충돌과 논란을 야기했다. 그람시 이후 헤게모니 개념은 새로운 상황과 우선순위에 따라 자주 수정되곤 했다. 다양한 접근방식에서 가장 중요한 쟁점은 단순히 개념의 의미를 파악하는 것을 넘어, 사회적 지배와 정치적 통치의 메커니즘과 그 형태에 관한 문제, 객관적 구조를 주관적 경험에 연결하는 방식, 그리고 이를 통해 기존 권력에 도전하고 새로운 권력을 재구성하는 방식에 관한 문제들이었다.

헤게모니에 대한 여러 접근방식의 차이점을 알기 위해서는 그러한 방식들이 등장한 광범위한 맥락과 논쟁도 살펴볼 필요가 있다. 동시에 뚜렷이 구별되지만 서로 중복되는 헤게모니 개념의 세 가지 차원, 즉 권력, 주체성, 윤리가 그러한 논쟁에서 얼마만큼 중요한 부분을 차지하는지도 고려해야 한다. 이런 차원들은 비록 균일하지 않더라도 대부분의 접근방식에 등장한다. 물론 다른 방식으로 논의된 경우도 있다(하우가드와 렌트너Haugaard and Lentner 2006; 오프라트코Opratko 2012; 워스Worth 2015 등 참조). 이런 방식들은 헤게모니 개념의 복잡성을 파악하고, 시간 흐름에 따른 개념의 진화를 이해하도록 도와준다. 각 차원을 하나씩 간략하게 살펴보도록 하자.

전략적 개념, 권력

앞서 시사했듯이, 헤게모니 개념은 지도력의 행사라는 측면에서 권력과 지배를 설명하는 데 유용하다. 권력을 지도력의 다양한 전략, 다툼, 단계와 관련하여 분석하는 것은 헤게모니 개념이 정치이론과 분석에 기여하고 있는 가장 중요한 부분

중 하나이다. 여기에는 권력의 독특한 '전략적' 개념도 포함된다.

현대의 정치 분석에서 권력은 자연과학에서 처음 도출된 이론적 모델을 통해 폭넓게 구상되어 왔다. 권력은 하나의 독립된 개체가 다른 개체의 행동 방식을 바꾸는 "인과적 개념causal concept"(볼Ball 1975)이었다. 이는 토머스 홉스Thomas Hobbes가 17세기 당시 새로운 과학이었던 역학에서 차용하여 소개한 모델이다(홉스Hobbes 1991참조). 홉스의 설명에 따르면, 권력을 '잡고 있다'라는 것은 누군가에게 다른 경우라면 선택하지 않았을 법한 행동을 하게 만드는 능력이다. 주권자(또는 '리바이어던Leviathan')를 압도적인 모든 권력으로 다른 사람들을 복종하게 만드는 사람이라고 홉스가 이해한 것이 그 예이다. 이후 인과적 속성을 지닌 '제로섬zero-sum' 영역으로 이해된, 이 권력 모델은 사회와 정치 분석가들에게 누가 권력을 소유하는지, 권력이 어떻게 작동하는지에 대한 의견이 불일치할 때조차 전형적 모델이 되었다(클레그Clegg 1989).

하지만 이런 인과적 모델로는 실제 인간의 행동 방식을 설명하기란 불가능하다. 일부 개인이나 집단 또는 기관이 자원을 집중시켜 다른 사람들의 행동을 좌우하는 보다 큰 능력을 지니고 있다는 것은 틀림없다. 그런데 인간은 외부 힘에 의해 영향 받는, 아무 생각 없는 '움직이는 객체'가 아니라 의미를 만들고 공유하는 주체이기에, 자기 이해에 따른 개념적이고 언어적인 용어와 규칙에 기반한 사고체계로 행동한다. 행동 방식의 경우 다른 선택지보다 어떤 선택지로 -'결정하는' 것이 아니라- 기울게 하는 상징 구조에 의해 영향을 받는다. 인과적 권력 모델은 상징이 행동 방식을 '좌우하고', '영향을 미치고', '촉구하고', '위태롭게 하고', '부추기고', '유발하는' 다채로운 복잡한 방식을 파악하는 데 도움이 안 되는 하나의 은유일 뿐이다(볼Ball 1975). 이런 용어들은 원인이 아닌, **이유**를 말해준다. 행동 방식이 개인적으로 영향 받기 때문이며, 그로 인해 보통은 외부에서 개인에게 미치는 독립적인 단일한 '원인'을 따로 분리하기란 거의 불가능하다.

이와 달리 헤게모니는 이른바 '전략적' 권력 모델을 소환한다. 클레그(1989:29-34)가 설명했듯이, 이 모델은 홉스가 주장했던 것처럼 권력을 한 곳에 집중시키는 인과적 힘이라는 개념을 거부한다. 대신 점진적으로 진화하는 불안정한 역장(힘의 장, field of forces)으로서 권력을 다룬다. 이 전략적 모델은 16세기 정치사상가 니콜로 마키아벨리Niccolo Machiavelli의 저작에서 유래한다. 그가 보기에 권력은 어느 한 사람이 결코 완전히 장악하거나 소유하는 것이 아니었다(Machiavelli 1988 참조). 오히려 자원의 집중과 변화하는 힘이 정치의 특징이었으며, 그 안에서 변화하는 능력과 변동 기회가 더 넓은 관계들을 끊임없이 바꾸고, '지배권'의 행사를 잠정적인 것으로 만든다. 그래서 마키아벨리는 정치분석을 변화하는 통치 전략에 대한 해석이라고 보았으며, 사회질서를 위한 단일한 구조를 옹호한 것은 아니었다(Clegg 1989: 34-6 참조).

　이런 견지에서 헤게모니는 홉스의 인과적 권력 모델보다는 마키아벨리의 전략적 권력 모델에 더 부합한다고 볼 수 있다. 이는 권력과 지배가 객관적인 단일 구조에서 나온다고 생각하는 사람들에게 문제가 되는 시각이다. 헤게모니를 행사하는 것은 다른 사람보다 우월한 위치에서 일시적으로 이해관계를 갖고 있을 뿐, 절대적인 권력을 소유하고 있는 것이 아니다. 그렇다고 지배구조와 권력 집중이 존재한다는 것을 부정하는 것은 아니다. 하지만 그런 힘은 늘 부분적으로만 영향을 미치기 때문에 유지하기 위한 적극적인 지지가 필요하다. 그래서 헤게모니는 이를 달성하는 전략과 실천, 그리고 영향력 있는 네트워크에 주목한다. 하지만 이런 경우 헤게모니는 절대적인 지배mastery라는 권력 개념을 덜 명확한 것, 즉 권력을 구성하는 각 부문들이 저절로 결속되지는 않지만 일시적으로 균형을 유지하는 관계의 장 또는 관계의 지형으로 탈바꿈시킨다.

　권력에 대한 전략적 관점은 성castle보다는 전장battlefied에 더 가깝다고 할 수 있다. 동맹의 형성과 상실, 핵심 거점의 차지 또는 포기, 영향력의 확대와 축소 패턴에 따라 권력의 매개변수가 바뀌기 때문이다. 따라서 우리는 다음과 같은 질문을 할 필요가 있다. 헤게모니의 범위는 어디까지인가? 그 주체는 누구인가? 헤게모니 기술에는 어떠한 것이 있는가? 권력 집중 -예컨대 국가, 자본주의, 가부장제 등- 은 합의된 지도력에 어느 정도 의존하는가? 그리고 언제 강제력을 사용하는가? 헤게모니 체제는 항상 하나인가, 아니면 다수인가? 이런 질문은 헤게모니 개념의 적용과 초점에 따라 달라지는 해석의 문제들이다.

경험을 포착하는, 주체성

'주체성subjectivity'*은 우리가 세상을 경험하는 방식, 즉 우리의 의식적인 반응과 태도가 지식, 도덕적 가치, 감정, 욕구를 통해 정의되고 조직되는 방식과 관련 있다. 지도력에 초점을 맞추고 있는 헤게모니는 이런 주체성 측면이 지배 형태를 지지하거나 반대하기 위해 어떻게 설득되는지에 역점을 둔다.

---

* 원어 subjectivity는 주관성으로도 번역되지만, 이 책에서는 주체의 경험과 관련된다는 점에서 '주체성'으로 번역하여 표기했다.

이는 인간을 사회적 위치에 따라 정해진 행동 방식대로 행동하는 객체가 아니라 상대적으로 독립된 주체로 생각할 것을 요구한다.

헤게모니는 자주 '이데올로기', '문화', '담론'과 같은 범주와도 관련된다. 이런 범주들이 의미 순환과 다툼이 일어나는 광범위한 영역을 설명하기 때문이다. 특히 이데올로기는 다소 일관된 세계관을 나타내는 신념 체계라는 '중립적' 의미**와** 더 많게는 사람들이 현실을 오도하게 하여 이해관계가 얽힌 특정인에게 도움을 주는 그릇된 사상 내지 편파적 사상이라는 '비판적' 의미로 쓰인다. 어떤 특권 집단이 헤게모니 장악의 조력자로서 자주 동일시되는 한, 헤게모니는 두 가지 의미를 모두 내포한다. 그렇다고 모든 사상과 신념을 그런 이해관계로 환원시킬 필요는 없다. 헤게모니 이론의 핵심 주장 하나는 사람들이 세상을 아무런 의심 없이 지배 집단이 선호하는 범주와 개념(또는 이데올로기)의 프리즘prism을 통해 경험하고, 그러한 것들을 '자연스럽게' 또는 '보편적'인 사실로 받아들이는 경우 헤게모니 장악이 성공한다는 것이다.

그렇다면 우리는 때로 지도력으로부터 이익을 얻는 집단에 주목해 볼 수 있다. 반대로 그 영향을 받는 다른 집단과 실천 방식에 초점을 맞출 수도 있다. 레이먼드 윌리엄스Raymond Williams, 스튜어트 홀Stuart Hall 같은 문화연구자들은 헤게모니 개념을 가장 창의적으로 이용한 사람들이다. 그들에게, (그람시의 표현대로) 대중의 '일상생활'과 '문화' 또는 '상식'의 경험은 지배 세력과의 지속적인 협상 장소였다. 그들의 분석에서 헤게모니는 저술, 영화, 음악처럼 겉보기에 별개의 형태로 보이는 문화 활동들이 사회의 공통 가치를 밝히려는 다툼에 어떻게 연루되는지에 대한 질문을 하게 한다.

하지만 주체성 문제는 논란의 여지가 있다. 상징이 어떤 기능을 하며, 어떻게 작동되고 (언제, 어떤 메커니즘으로) 배치되는지, 또 특정 지배구조를 지속시키는 데 (또는 그렇지 않게 하는 데) 어떻게 기여하는지 설명해야 하는 것이다. 문화나 이데올로기는 (어느 정도 고정되어 있다고 생각되는) 사회적 관심사와 어떤 관련이 있는지, 실제로 지도력의 이런 일면의 한계는 무엇인지도 의문이 들 수 있다. 헤게모니 개념은 지배가 개별 행위자 한 명을 중심으로 쉽게 구분될 수 없을 뿐만 아니라, 오히려 언어나 문화적 애착 형태들을 통해 평범한 사람들의 주체성과 미묘하게 얽혀 있음을 시사한다. 그로 인해 단 하나의 사상만을 '가진 자'나 권력의 조력자를 식별해 내기란 쉽지 않다. 여기에는 헤게모니 개념이 동의를 얻기 위한 강압에만 관심을 기울이지 않기 때문에 주체와 여러 형태의 폭력 및 강압과의 복잡한 관계 또한 관련이 있다. 그렇지만 폭력은 특히 일부 집단이 저항할 때 헤게모니를 쥐려는 지도력에 대한 투쟁의 일면인 경우가 많고, 때로는 내부 분열의 징후로도 나타난다. 동맹이 분열하고 한때 공유했던 가치가 공개 논쟁에 휩싸이는 사회적 위기 시에는 헤게모니의 약화 징후가 주관적인 것으로 나타날 수 있다.

지도자와 피지도자를 통합하는, 윤리

마지막으로, 헤게모니는 지도 집단과 이들의 주요 협력자 및 조력자들 간의 상호 작용을 지배하는 윤리적 관계를 함축한다.
 헤게모니 개념을 사용할 때 대부분은 지배의 전략적인 면을 분석하는 데 중점을 둔다. 하지만 매우 '규범적'이거나 도덕적인 문제는 이런 분석에서 잘 다루어지지 않는 경향이 있다. 사실 이런 면에서 대부분이 도덕적 '현실주의자'인 헤게모니 이론가들은 규범적 문제를 경험적 현실에서 맞닥뜨린 실제 문제와 분리할 수 없는 일로 여긴다. 그럼에도 불구하고 지도력에는 대개 공통의 이상이 표명될 뿐만 아니라, 다양한 집단과 이해관계가 이를 통해 어떻게 연결되는지 내부적으로 체계화하고 규정하는 일이 수반된다. 우선순위는 각 부문의 통합을 돕는 윤리와 헤게모니 정치를 연결하는 특정 유형의 결합, 예컨대 계급 연대, 국가 정체성, 민주적 존중 등이 될 수 있다.

헤게모니 전략에서는 지도자가 자신을 지탱하는 세력에 대해 책임지는 방식에 관한 문제가 제기된다. 어떤 부류의 엘리트 통치인가? 또 이런 통치는 어디에서 유래하는가? 대중의 경험은 어떻게 엘리트가 이끄는 방향으로 통합되는가? 지지 집단은 서로 어떤 관계에 놓이는가? 헤게모니의 윤리적 차원은 지배를 '민주적' 또는 '해방된' 대안 질서로 대체하기를 바라는 사람들에게 특히 의미가 있다. 하지만 규범적인 헌신이 자주 기정사실로 전제되기 때문에 항상 면밀하게 검토되지는 않는다. 그러나 오랜 연대와 참여 방식이 더 이상 당연한 것이 되지 않을 때는, 어떤 윤리적 용어가 헤게모니를 구성하느냐 하는 문제는 매우 중요한 쟁점이 된다. 여기서 주목할 점은 헤게모니 전략이 다원주의적·민주적 이상과 어느 정도 양립할 수 있느냐 하는 문제이다.

헤게모니는 다양하고 복잡한 현상을 하나의 용어로 압축하고 있기 때문에 강력한 개념이다. 그래서 헤게모니는 단순히 하나의 추상적 개념이 아닌, 다양한 차원의 상호 작용을 검토하는 보편적인 프레임웍framework으로 생각하는 것이 타당할 것이다. 그렇게 하면 이 용어의 쓰임을 특징적으로 나타내는 다양한 강조점에 주목하는 데 도움이 될 수 있다.

각 장에 대한 간략한 소개

이후의 장에서는 대략적인 연대순으로 헤게모니 개념에 대한 새로운 설명과 적용, 논쟁을 명확히 나타내는 다섯 가지 주제를 탐구한다. 그리고 각 장에서는 헤게모니 개념의 진화 과정에서 나타난 독특한 주장과 쟁점들을 다룬다. 하지만 여기서 다루어지는 주제들은 시간을 뛰어넘어 확장되는 논제이기 때문에 독자들이 헤게모니에 대해 사고하기에 무엇보다 좋은 얼개 역할을 하기도 한다. 그러므로 각 장을 연속적으로 읽거나, 원한다면 가장 흥미 있는 주제에 따라 읽어도 된다.

2장에서는 먼저 오늘날 헤게모니에 대한 수많은 통찰에 기본적인 좌표를 제공한 안토니오 그람시의 주요 저작을 살펴본다. 그에게 헤게모니는 선진 자본주의 국가에서 독특한 혁명 전략을 정교하게 수립하는 데 유용한 개념이었다. 선진국에서 전략은 폭력적인 볼셰비키식Bolshevik-style 권력 장악이 아닌, 합의에 기반한 국가건설 과정으로 이해되었다. 이는 새로운 지배계급의 정치적 지지 기반과 문화를 점진적으로 확대하는 것을 의미했다. 그람시의 저작에서 헤게모니는 계급 지배의 한계와 그 기원 및 전술을 이해하는 전반적인 분석

틀로 확장된다.

3장에서는 헤게모니 개념을 전후 자본주의 국가 분석에 적용하는 방식에 대한 마르크스주의 논쟁에 초점을 맞춘다. 정치적으로 불안정한 시기에 글을 썼던 그람시와는 달리, 1960년대와 1970년대의 사상가들은 비교적 안정적인 '복지' 국가의 발전을 이해하기 위해 헤게모니 개념을 이용했다. 헤게모니 개념은 국가 자본주의*의 정치적 완전함과 함께 이러한 것들을 변화시키는 문화적 토대와 이념적 긴장이 도사리고 있는 장소에 초점을 맞추는 데도 유용했다. 이 시기 헤게모니 개념이 발전하는 데에는 자본주의 국가에 대한 마르크스주의 이론과 새롭게 등장한 문화연구 분과가 각각 중요하게 기여했다. 1980년대 '대처리즘Thatcherism' 현상과 보다 최근에 등장한 우익 '포퓰리즘populism' 형태들과 같이, 사회적 동의를 기반으로 다시 일으켜 세우려는 활동들을 이해하는 데 이들의 분석이 결정적이었다.

4장에서는 헤게모니에 대한 '포스트-마르크스주의' 접근 방식을 주제로 다룬다. 에르네스토 라클라우Ernesto Laclau와 샹탈 무페Chantal Mouffe가 처음 제시한 '급진 민주주의' 프로

---

* national capitalism, 특정 국가의 경계 내에서 작동하는 자본주의 시스템의 고유한 형태로, 국가가 자본과 결합하여 경제를 통제하고 관리함.

젝트는 해방 전략과 분석 틀로 헤게모니의 주요 이론을 재구성하는 것을 포함했다. 그들이 보기에는 경제 '결정론'과 계급의 정치적 우위에 대한 마르크스주의자들의 진부한 주장 때문에 급진 정치를 이론화하는 새로운 방식이 필요했다. 포스트-마르크스주의와 급진 민주주의는 냉전 종식이 다가오고 남아프리카공화국의 인종차별정책(Apartheid, 아파르트헤이트)이 폐지되기 전, 이미 사회운동이라는 비혁명적인 다원주의적 정치를 내다보며 고대하고 있었다. 포스트-마르크스주의 접근방식에서 헤게모니는 더 이론적이고 더 유동적인 것이 되면서 권력과 지배의 다양한 형태, 각기 다른 수많은 '담론'과 정치 투쟁을 탐구했다.

5장에서는 헤게모니를 국제정치학에 적용한 내용들을 자세히 살펴본다. 헤게모니의 다른 갈래가 여기서 등장한다. 국제관계 이론에서는 이른바 '현실주의' 학자들이 국제체제에서 주요 세계 강대국의 주도적 역할을 설명할 목적으로 헤게모니를 폭넓게 사용했다. 이 접근방식은 그람시의 통찰에 기반하여 국제정치를 세계자본주의 내 계급투쟁과 다시 연결한 로버트 콕스Robert W. Cox와 같은 급진적 비평가들로부터 도전을 받았다. 이후 국제 정치경제학의 신그람시주의Neo-Gramscian 학자들은 국제적인 헤게모니의 역사적, 정치적, 이데올로기적 차원을 탐구했다. 또 이들은 '신자유주의적' 자본주의의 확장으로 이해되는 '세계화'에 대한 분석과 비판에도 기여했다.

마지막 6장에서는 최근 정치이론가들의 헤게모니에 대한 비판에 주목한다. 헤게모니 개념은 자주 수정되어 새로운 설명이 나오고 있음에도 정치 권력을 식별하고, 재창조하고, 이에 도전해야 할 대상으로 보는 관점과도 결부된다. 하지만 많은 비평가들이 보기에, 헤게모니 용어는 특히 사람들을 통합하고 공통 프로젝트에 참여시키는 전략에 집착한다는 점에서 여전히 지배 프로젝트이다. 실제로는 근본적으로 다른 '존재론적' 근거에 기반하여, 헤게모니 개념으로는 역동적인 권력의 본질과 그에 대한 '자발적', '자율적', 창의적 형태들의 저항을 깊이 이해할 수 없다는 주장이다. 다양한 '신유물론자'와 아나키스트들이 주장하는 진정한 급진 정치는 헤게모니의 재창조가 아니라 종식이 필요하다.

2장

그람시,
헤게모니와 혁명

헤게모니는 1920년과 1930년대 무솔리니의 파시스트 정권에 의해 투옥된 이탈리아 혁명가 안토니오 그람시의 천재성과 매우 관련이 있다. 물론 그가 이 용어를 처음 만들어낸 것은 아니다. 정확히 말하면, 결국 그를 죽음에 이르게 했던 오랜 수감 생활 중에 쓴 에세이와 메모에서 이 용어가 **재창조되었다**. 이 글에서 그람시는 혁명을 새로운 국가 형태에 대한 대중의 동의를 확보하는 과정으로 재해석하기 위해 '헤게모니'를 사용했다.

그런데 왜 그람시는 물리적인 강압 상태에 있을 때 동

의에 관한 이론을 추구했을까? 그의 투옥은 물리력이 사회 통제의 궁극적 수단임을 보여주는 증거가 확실하지 않은가? 그람시의 핵심 주장은 이탈리아를 20년간 지배했던 파시즘 같은 권위주의 체제조차도 사회의 **일부** 계층에서 보내는 자발적인 지지가 필요하다는 것이었다. 그는 현대 국가들이 자국민에 대한 '지적·도덕적 지도력'을 점점 더 갈망한다고 했지만, 그만큼의 물리력 또한 필요로 하게 된다고 주장했다. 그가 '헤게모니'(*egemonia*)라 불렀던, 동의 기반의 지도 역량은 대개 어느 정도의 강압도 포함하고 있었는데, 이탈리아처럼 계급으로 분열된 사회가 바로 그런 경우였다. 앞으로 살펴보겠지만, 헤게모니 개념은 공산주의자였던 그람시가 자본주의를 전복하는 데 필요한 혁명 조건을 탐구하는 데도 유용했다. 이는 전반적인 사회정치적 질서를 세우고, 유지하고, 또는 완전히 바꿔놓는 방식을 들여다볼 수 있게 했다. 그의 옥중 저술은 지배가 어떻게 정치와 문화 지도력의 요소들과 복잡하게 얽혀 있는지 포괄적인 설명을 제공한다. 이런 이유로 그람시의 통찰은 헤게모니의 변천사/흥망성쇠/부침*에서 중요한 기준점이다.

---

* '헤게모니 개념이 역사적으로 어떻게 이해되고, 적용되고, 발전해 왔는지'를 의미함.

그람시의 융합

그람시는 유명한 두 지적 전통에 의지해서 자신의 사상을 발전시켰다. 마르크스주의자인 그는 사회계급들을 역사 변화의 주된 행위자로 여기는 혁명 사상의 전통을 공유했다. 특히 그는 1917년 10월 러시아 차르 정권Tsarist regime을 무너뜨린 블라디미르 일리치 '레닌'Vladimir Ilyich Lenin이 이끈 볼셰비키*의 영향을 받았다. 이 혁명은 그람시와 그가 살았던 동시대의 사람들에게 아주 중요한 의미가 있었다. 대중의 조직적인 행동을 통해 정치질서 전체를 바꿀 수 있는 분명한 증거였기 때문이다. '전위'** 정당 - 노동계급을 위해 국가를 전복하고 새로운 질서를 불어넣을 목적으로 활동하는 잘 훈련된 중앙집권적 직업혁명가 조직 - 을 중심으로 하는 혁명 모델을 제시한 것은 레닌이었다(레닌Lenin 1992). 특히 자본주의가 부분적으로 발전한 나라의 혁명 조건에 대한 논쟁에서, 레닌과 다른 러시아 마르크스주의자들은 권력 장악을 준비하는 데 있어 다른 동맹 계급에 대한 노동계급의 주도적 역할을 설명할 목

---

* **Bolsheviks**, 레닌이 이끄는 러시아 사회민주노동당의 극좌파를 일컫는 말이었다.
** **vanguard**, 계급투쟁 등에서 무리의 선두에 서서 이끄는 사람이나 집단.

적으로 '헤게모니'라는 용어를 사용했다(앤더슨Anderson 1976-7; 레스터Lester 2000: 29-51 참조).

이와 동시에 그람시는 니콜로 마키아벨리Niccolo Machiavelli까지 거슬러 올라가는 이탈리아 특유의 정치 전통에 뿌리를 둔 사상을 물려받았다(폰타나Fontana 1993 참조). 이 전통에 따르면 정치는 국가를 건설하고, 유지하고, 잠재적인 경쟁자로부터 안전하게 지키고, 지배를 연장하는 일을 계속해 나가는 과정이었다. 이탈리아 사상가들은 권위를 이해하기 위해 물리력과 동의의 이분법dichotomy을 이용하는 경우가 많았다(페미아Femia 1998). 그들은 '사회 계약'을 합법적인 통치의 기본 원리 -단번에 지배력을 확고히 했다는 것- 로 생각하는 대신, 권위가 본질적으로 불안정하다고 여겼다. 정치는 폭력에 기대는 물리력과 자발적 동의가 실제 적절히 균형을 이루어 권력을 계속 유지하는 일이었다. 엄밀히 말하면, 어떤 동기로 동의했느냐는 중요하지 않았다. 두려움이든, 애정이든, 이기심이든 크게 상관이 없었다. 나중에 19세기 이탈리아 사상가들이 국민국가를 상상하기 위해 헤게모니를 사용했을 때, 그들은 통제가 어렵고 문화적으로 분열된 사회에 대해 단순히 물리력만이 사용하기보다는, 은밀하게 동의를 확대한다는 의미에서 이 용어를 사용했다(자코비티Jacobitti 1981).

따라서 '헤게모니'는 이미 그람시가 쓰기 전에 사용되고 있었던 용어였다. 즉 이전의 헤게모니는 권위가 당연하게 여겨질 수 없는 정치질서를 확립하고 유지하는 데 있어 전략적 우위 –동맹을 이끄는 한 계급의 우위를 통해서든(러시아) 국민적 지지 기반의 점증적 확대를 통해서든(이탈리아)– 를 강조했다. 그람시는 이런 전통을 독특한 방식으로 융합시켰다. 그는 선진 자본주의 국가에서는 (러시아 혁명가들이 주장했듯이) 폭력을 통해 가까스로 권력을 장악하는 것이 혁명 목표가 되어서는 안 된다고 주장했다. 대신, 기존의 헤게모니를 바꾸고 새로운 헤게모니를 넓혀 새 질서에 대비해야 했다. 그렇다고 이것이 '국민 통합'이라는 순진하고 공허한 이상을 옹호하는 것을 의미하지는 않았다. 모든 헤게모니의 바탕에는 특정 사회 계급의 경험과 물질적 조건으로부터 집단적 주체를 형성하려는 노력이 있었다.

    그람시는 수감 중에 쓴 글에 이런 생각을 결합하여 정치를 헤게모니 투쟁으로 탐구하기 위한 독특한 용어를 만들어 냈다. '통합국가integral state', '진지전'*, '기동전'**, '역사적 블록'***, '수동 혁명'**** 등이 바로 그런 용어들이다. 이 용어들은 그의 사상적 유산의 핵심이자 이후에 응용된 헤게모

---

* **war of position,** 방어벽을 갖춘 진지를 중심으로 적과 싸우는 전술. 즉 지배계급의 헤게모니에 맞서 장기적으로 벌어지는 이데올로기 투쟁을 의미함.

** **war of manoeuvre,** 진지를 옮겨가면서 싸우는 전술. 즉, 국가 권력의 직접적인 장악에 초점을 맞춘 투쟁 방식을 의미함.

니 개념에서도 매우 중요하다. 앞으로 언급하겠지만, 그럼에도 그람시의 사상체계에는 이를 더 발전시키려는 사람들이 보기에 해소되지 않은 긴장과 도전 과제도 들어 있다.

혁명과 이탈리아 국가

그람시는 어떤 계기로 헤게모니 개념을 발전시켰을까? 20세기 초 이탈리아는 헤게모니에 관한 사상이 등장할 만한 나라 가운데 그 가능성이 가장 낮은 나라였을지 모른다. 공식적으로는 1871년에 통일됐지만 힘이 없고 평판이 안 좋은 '자유주의' 국가로 악명이 높았다. 가톨릭교회는 국가로서의 권위를 인정하지 않았으며, 정치 엘리트들은 일반 대중에게 무관

*** historic bloc, 특정 사회에서 지배적인 헤게모니를 형성하는 데 중요한 역할을 하는 사회 세력들의 연합을 의미함. 이는 단순히 경제적 이해관계의 결합뿐만 아니라, 공유된 이데올로기와 문화적 가치를 바탕으로 형성됨. 그람시는 지배적인 역사적 블록이 정치, 경제, 문화 등 모든 영역을 지배하며, 자신들의 이익을 관철시킨다고 봄.

**** passive revolution, 지배 엘리트 계층이 주도하는 점진적 변화를 설명하는 개념임. 즉 사회가 급격한 변화의 압력에 직면했을 때, 지배계급이 어떻게 그 에너지를 자신들에게 유리한 방향으로 이끌어 가며 지배 질서를 재편하는지 날카롭게 보여주는 개념임.

심했다. 정부도 무력으로 사회질서를 강요하는 경향이 있었다. 그로 인해 이탈리아에 새로 편입된 시민들은 권력에 분개하여 저항하는 일이 잦았다. 게다가 이 무렵 이탈리아는 여러 지역으로 갈라져 다양한 지역 문화와 수많은 방언이 존재했고, 물질적 불평등까지 심각한 수준에 도달해 있었다. 특히 이런 일들은 새 국가가 종종 식민지 세력처럼 느껴지게 했던 남부의 낙후 지역에서 발생했다(클라크Clark 1984). 당시 이탈리아는 합법적으로 통일되었음에도, 주세페 마치니Giuseppe Mazzini와 같은 통일 주창자들이 꿈꾸던 전 국민 공동체와는 **다르게**, 실제로는 여전히 불안정한 자유주의적 질서 체제였던 것이다.

그람시가 마침내 헤게모니에 대한 접근방식을 정교화하기에 이른 것은 바로 이런 이유 때문이었다. 즉 이탈리아라는 자유주의 국가가 광범위한 대중의 동의**없이** 세워졌다는 것, 다시 말해 어떤 '시민 종교'나 '국민 정서'도 이탈리아를 하나로 통합하지 못했다는 것이다(벨라미와 세커Bellamy and Schecter 1993). 수많은 급진적 지식인들이 명백히 불완전한 통일에 분개하며 그랬던 것처럼, 그의 열망도 "근대의 주변부 the periphery modernity"(우르비나티Urbinati 1998)에 있는 이런 자유주의적 질서를 적절하게 인민 계급 -주로 농사를 짓는 소작농과 북부에 집중된 소규모 산업의 노동계급- 을 포용하는 질서로 바꾸는 것이었다. 그람시 역시 다른 사람들과 마찬가지로, 이런 변화를 평범한 사람들의 삶과 필요에 부응하는 근대 지배계급의 발생 과정으로 보았다(벨라미Bellamy 1987 참조).

그람시는 이탈리아 남부 사르데냐섬island of Sardinia의 알바니아계 가정에서 태어났다. 그래서 그는 자유주의 국가였던 이탈리아의 사회적 결함과 관리들의 무능함 -만성적인 빈곤, 국민의 삶에 대한 지배자들의 무시와 부패, 비효율적 방식으로 기능하는 제도- 을 직접 목격했다(데이비드슨Davidson 1977). 1911년 북부 도시 토리노로 이사한 후에는 사회주의자가 되어 자본주의를 전복하고 국가를 근대화하는 일에 매진했다. 곧 그람시는 급진적 언론인 겸 비평가가 되었다. 그는 사르데냐어를 구사하고 대학에서 언어학을 공부한 덕분에 -대부분의 사회주의자와 달리- 이탈리아의 분열된 국민 문화에 적절히 대응하는 능력이 특출했다(아이브스Ives 2004 참조). 그람시는 혁명만이 민중을 영국이나 프랑스와 같이 앞서가는 나라들처럼 공통의 에토스ethos가 있는 정치질서로 제대로 통합하는 길이라고 생각했다. 그래서 사회주의는 노동계급을 도덕적으로 단련된 공동체로 교육하여 국가 전체를 이끌어가는 것을 의미했다. 이로 인해 그는 이른바 역사의 '철의 법칙'*에 따라 자본주의가 필연적으로 붕괴할 것이라고 가정하는 원시적인 '과학적' 원리를 주장한 지배적인 마르크스주의 전통을 거부했다. 대신, 청년 그람시는 문화 교육, 도덕적 엄격함, 의지력이 역사 형성에 중요하다고 강조하는 '이상주의자들idealists'에게서 영향을 받게 된다(벨라미Bellamy 1990 참조).

제1차 세계대전은 유럽의 계급적 위계와 폐쇄적 엘리트 정치체계를 산산조각낸 매우 광범위한 폭력을 촉발시켰다. 대중의 분노로 유럽 전역에서 입헌군주제와 제국주의 세력이 흔들리자, 그람시는 이탈리아의 자유주의 질서가 사실상 시대에 뒤떨어졌다고 판단했다(바카Vacca 2020). 이탈리아에서는 1919년에서 1920년까지 노동자들의 지속적인 파업과 공장 점거로 산업이 마비되었다. 비슷한 봉기가 독일과 헝가리에서도 일어났다. 그람시는 노동자들이 먼저 산업생산 조직 내에서 **그들만의** 국가 형태를 만들어낼 수 있는 기회라고 생각했다(그람시Gramsci 1977). 또 그는 러시아 혁명과 노동자들의 평의회라는 '소비에트' 체제에서 영감을 받아, 노동자의 자율 경영에 기초한 새로운 형태의 민주주의적 권위를 이탈리아 공장에서 미리 보여줄 수 있다고 주장했다(클라크Clark 1979; 섹터Schecter 1991 참조). 나아가 그는 '생산자'라는 공유된 정신이 '시민'이라는 추상적 개념을 대신할 수 있으며, 계획적 산업

---

* **iron laws,** 역사가 인간의 의지나 문화와는 상관없이 경제적 요인에 의해, 정해진 단계를 필연적으로 밟아 발전하고, 내부적 모순 때문에 자본주의는 필연적으로 붕괴된다고 보는 관점임. 이는 '역사 유물론'을 극도로 단순화한 해석임.

생산의 통합 체계가 목적 없이 떠들썩한 의회를 대체할 것이라고도 말했다.

마침내 산업 현장의 소요가 끝났을 때는 다른 유럽지역에서 그랬듯이 강력한 반사회주의적, 반민주적 반동이 일어났다(모건Morgan 2003: 29-63). 복귀한 군인들과 여러 깡패 집단들이 이탈리아 전역에서 사회주의자들의 재산을 불태우고 농촌 마을을 공포에 떨게 하면서, 지방 정부의 묵인하에 노동자들을 상대로 폭력적인 보복을 감행하는 경우가 많았다(리틀턴 Lyttelton 1973). 머지않아, 혁신적 사회주의자였지만 급진적 국수주의자로 돌아선 베니토 무솔리니Benito Mussolini가 자신이 이끄는 파시스트당을 동원하여, 폭력적인 무질서를 부추기고 사회주의 혁명을 두려워하는 중산층의 지지를 얻어 정권을 장악했다. 그람시와 다른 공산주의 동조자들은 이런 상황이 혁명으로 이어지길 바라면서, 이탈리아 사회당을 탈당하여 1921년 이탈리아 공산당(PCI)을 창당했다. 엄격한 규율과 이념적 경직성을 지닌 레닌의 볼셰비키가 모델이었던 이탈리아 공산당은 '개혁적' 사회주의와는 분명하게 단절하고자 했고, 파시스트를 구체제의 반동적 앞잡이로 폄하했다.

그러나 이탈리아 파시즘의 등장은 무솔리니에게 권력을 내주고 목적 달성을 위해 그를 이용하고자 했던 자유주의자에게는 물론이고, 이탈리아를 민주적으로 재편하길 고대했던 모든 사람에게도 재앙이었다. 총리가 된 무솔리니는 이내 의회 민주주의를 폐지하고 반대자들을 체포하는 등 권력을 강화했다. 끝내는 모든 시민과 정치적 반대 세력을 짓밟고, 파시스트 당수인 **일두체**Il Duce에 대중 의지의 화신으로서 그 자신을 투영했다. 그 후 파시스트들은 대중에 기반한 국가 숭배를 중심으로 권위주의적 질서를 구축하기 시작했다.

그람시는 좌파의 분열과 일반 대중과의 분리, 파시스트에 대한 과소평가가 실책이었음을 깨달았다. 1923년에 그는 이탈리아 공산당 총서기직을 맡고 혁명 전략을 재고하기 시작했다. 그는 공산주의자들이 자본주의의 파국적 붕괴에 의존하기보다는 동조하는 지식인과 불만을 가진 집단 및 계급과 동맹을 맺고, 노동자와 소작농으로 구성된 반파시즘 "연합 전선united front"을 주도하면서 사회 전반을 조직화해야 한다고 주장했다(그람시Gramsci 1978: 372-5 참조). 그리고 이런 전략을 설명하기 위해 러시아의 논쟁*에서 직접 차용한 '헤게모니' 용어를 사용하기 시작했다. 그렇지만 그는 비교적 발전한 국가들, 더 정확히 말하면 이탈리아처럼 농업 지주 세력의 영향력 아래에 소작농이 대규모로 존재하고 남부 '지식인'의 지지

---

* Russian debates, 러시아의 논쟁은 주로 19세기 말에서 20세기 초, 특히 러시아 사회민주노동당 내에서 활발하게 전개됨. 이 논쟁의 핵심은 러시아 혁명의 성격과 프롤레타리아트(노동자 계급)의 역할에 대한 것이었음.

를 받는 주변부 자본주의 국가에는 볼셰비키 혁명 모델이 부적절하다는 점을 내비쳤다(1978: 441-62). 공산주의자들은 권력 장악을 위해 조직화하는 대신, 사회에 깊이 뿌리내려 장기적으로 미래를 준비할 필요가 있었다.

안타깝게도 그람시에게는 이런 전략을 실행할 기회가 없었다. 1926년 그는 당국에 의해 체포되어 체제 반대 혐의로 20년 이상의 징역형을 선고받았다. 정치적으로 투옥된 많은 사람들에게는 장기투옥이 인생의 마지막 길이 될 수 있었을 것이다. 그렇지만 그람시는 글을 쓰고, 나중에는 교도소 내 도서관도 이용할 수 있었다. 1929에서 1935년까지 그는 약 3천 페이지에 달하는 29권의 노트에 자신의 생각과 성찰을 기록했다(그람시Gramsci 1971 and 1995 참조). 이 자료에서 우리는 헤게모니 개념에 대한 보다 정교한 설명을 발견할 수 있다.

헤게모니와 옥중수고

그람시의 《옥중수고Prison Notebooks》에는 어떤 내용이 실려 있을까? 이 책은 그람시가 수감 기간에 기록한 방대한 양의 에세이와 메모로 구성되어 있다. 여기에는 지식인, 이탈리아 역사, 언어, 문화, 혁명당, 철학, 경제학 등의 주제에 대해 진일보하고 있었던 그의 생각들이 녹아 있다. 서로 다른 주제인 것처럼 보일 수 있지만, 그가 체포되기 전 몰두했던 전략적 이슈 및 관심사와 모두 관련되는 내용들이다. 대다수 학자들이 보기에, 헤게모니는 이 모든 주제를 하나로 묶는 핵심 개념이다(페미나Femina 1981; 슈바르츠만텔Schwarzmantel 2015).

《옥중수고》에서 그람시는 사회 전반에 지지 기반을 구축하는 것을 목표로 하는 정치 전략과, 그렇지 않거나 부분적으로만 그런 목표를 추구하는 전략을 구분했다. 여기서 그가 주된 표적으로 삼은 것 하나는 구체적인 특수성을 전혀 고려하지 않고, 일반적인 역사 '법칙'과 추상적인 원리에서 추론한 '과학적' 마르크스주의였다. 그람시는 이를 '원시적 소아병primitive infantilism'이라고 혹평했다. 하지만 과학적 마르크스주의 관점은 국제 공산주의 운동에 참여한 마르크스주의자들 사이에서 계속 영향력을 발휘했는데, 그의 시각에서 보면 다양한 국가들의 전략적 조건을 제대로 이해하지 못하게 방해할 뿐이었다. 그람시는 헤게모니에 대한 자신의 설명을 마르크스주의의 '경제지상주의economism'(또는 결정론과 환원주의 determinism and reductionism)에 대한 포괄적 비판으로 제시하고, 혁명을 준비할 때는 실제 역사적 상황에 주의를 기울여야 한다고 주장했다.

《옥중수고》에 수록된 그람시의 헤게모니에 대한 사유에는 여러 주제가 중복되어 나타난다. 정치는 동의에 의한 지지를 확대하여 문화 국가를 건설하는 과정이자, 그 지배권을 확보하려는 모든 사회계급에 보편적으로 적용할 수 있는 일반적 개념으로 이해했다. 이데올로기와 주체의 경험은 헤게모니가 만들어지는 도구이자 다툼의 수단으로서 중요하다고 보았다. 혁명당*은 '현대의 군주Modern Prince'(마키아벨리의 능수능란한 정치지도자 이미지와 관련하여)와 새로운 '국민-인민적 집단의지national-popular collective will'를 형성하는 건축가architect라는 개념으로 이해했다. 이런 주제들은 인상적인 그람시 사상의 많은 부분을 차지한다. 이제 각 부분을 살펴보도록 하자.

---

* revolutionary party, 마키아벨리의 『군주론』에서 '군주'가 국가를 건설하고 유지하기 위해 필요한 현실적인 지혜와 전략을 갖춘 지도자였던 것처럼, 그람시에게 '현대의 군주'로서 혁명당은 새로운 사회질서를 건설하고 대중을 이끌어갈 지적·도덕적 지도력을 갖춘 존재였다.

동의의 구축, 국가와 시민사회

《옥중수고》에서 '헤게모니'는 지도력을 시민사회 전체로 확대하여 국가를 건설하는 역동적인 역사적 과정이다. 언급했다시피, 그람시는 투옥 전에도 선진 서구사회와 러시아의 혁명 경험을 구분 짓는, 사회적 지지 기반에 먼저 초점을 맞추었다. 그는《옥중수고》에서도 이 통찰을 19세기 말 이후 근대 정치의 **일반적** 원리로까지 확장했다. 그는 이렇게 주장한다. "대다수 선진국의 경우 '시민사회'가 매우 복잡한 구조로 이루어져 있어 (...) 즉각적인 경제 요소의 파국적인 '급습'(위기, 경기침체 등)에도 저항력이 있다. 이 시민사회라는 상부구조는 현대전의 참호 시스템과 유사하다"(1971: 235).

이런 전투 비유에서 신문, 교회, 클럽, 기타 시민단체는 이른바 시민사회의 '참호'에 속한다. 각기 다른 이 모든 '민간' 조직은 공식적으로는 공권력으로부터 독립되어 있지만, 사회 붕괴가 일어나면 국가 권력을 수호하는 비공식적 '방어선' 역할을 담당한다. 그람시가 보기에 선진 자본주의 국가와 러시아와 같은 국가를 구분하는 중요한 차이점은 발전된 시민사회의 존재였다. 그는 비슷한 용어를 사용하여 이 점을 '동부'(즉, 러시아)와 '서부'(서유럽) 지역의 혁명이라는 관점에서 재차 강조했다.

동부지역에서 국가는 전부고, 시민사회는 아주 초보적이고 취약했다. 서부지역에서는 국가와 시민사회가 적절한 관계를 맺고 있으며, 따라서 국가가 흔들릴 때 시민사회의 견고한 조직이 곧바로 그 기능을 발휘했다. 국가는 단지 성 밖의 해자*일 뿐이며, 그 뒤엔 강력한 요새와 토루**가 있었다.(1971: 238)

그람시는 선진 자본주의적 민주주의 틀을 갖춘 현대국가(지리적으로 반드시 서구에 있지는 않음)는 '시민사회의 여러 결사체'에 의해 대중의 직접적인 적대로부터 일부분 보호받고, 이것이 통치를 강화한다는 점을 시사한 바 있다. 국가가 일반 국민을 복종시킬 목적으로 직접 물리력을 행사할 필요성을 이런 단체들이 줄여준다는 것이다. 그렇다고 해서 물리력이 전혀 필요하지 않다는 말은 아니다. 하지만 시민사회가 국가에 동조적일수록, 폭력은 '부분적'인 것이 되고, 예외적인 경우를 제외하면 불필요하다(1971: 243). 위기가 닥쳐도 국가의 권위에 타격을 덜 준다. 그람시가 확고하게 주장했듯이 '시민사회의 견고한 조직'은 공공기관의 행정력을 보호하는 기능을 한다.

국가와 시민사회의 관계에 대한 그람시의 설명은 기존의

---

* **ditch**, 성 주위에 둘러 판 못.
** **earthworks**, 과거 방어용으로 쌓았던 둑.

마르크스주의 전통과 중요한 단절을 나타낸다. 마르크스주의 전통의 《공산당 선언Communist Manifesto》에서는 국가(통일된 단 하나의 기관으로 이해함)를 계급 권력을 조직화하는 구심점이자 강압적 장치로 여겼다(마르크스와 엥겔스Marx and Engels 1996 참조). 그람시는 시민사회의 중요성을 강조함으로써 더욱 복잡한 개념으로 설명했다. 국가는 단순히 폭력의 원천을 넘어, "지배계급이 자신들의 지배를 정당화하고 유지할 뿐만 아니라, 피지배 계급의 적극적인 동의를 얻어내는 모든 실천적이고 이론적인 활동의 복합체"로 이루어진다(1971: 244). 현대국가는 그저 공포에 떠는 일반 대중의 복종만 필요한 것이 아니라 이들의 동의까지도 추구한다. 또한 규범과 가치, 이를테면 합법성, 도덕적 완전함, 국민 정체성이라는 미덕을 권장함으로써, "특정 부류의 시민과 문명을 창출하고 유지하는" 공통의 에토스ethos로 지지를 구축한다(1971: 246). 이렇게 보면 국가는 단순히 야만적인 권력의 옹호자가 아니라 '교육자'인 셈이다. 설사 국가의 권위가 궁극적으로 법과 폭력으로 뒷받침된다고 하더라도 긍정적인 "문명 활동"을 약속하는 것이 일반적이다(1971: 247).

그렇다면 현대국가는 어떻게 동의를 이끌어 낼까? 교육자로서 국가는 보통 포용적이고, 국민적 생활방식을 장려하며, 공교육을 통해 공통의 가치를 시민에게 직접적으로 심어

준다. 하지만 그람시는 이런 가치들이 공교육 **밖에 있는** 교회, 신문, 전문가 조직 같은 '민간 주도 및 활동'에 의해서도 간접적으로 촉진된다고 언급했다. 그리고 이런 것들이 "지배계급의 정치적·문화적 헤게모니 장치"로 기능한다는 점에 주목했다(1971: 258). 이런 조직과 활동들은 비공식적이지만 가치체계에 자양분이 되는 광범위한 지원 조직망을 제공한다. 이탈리아 사상가들은 통일 후 정확히 이런 것, 즉 헤겔의 영향을 받은 철학자들이 대중의 동의를 확대하고 시민의식을 기르는 이른바 '윤리적 국가'라고 불렀던 것이 부재하다고 느꼈다.

국가와 시민사회에 관한 그람시의 언급은 국가 건설에 대한 이탈리아인 특유의 집착을, 혁명에 대한 그의 성찰에 반영하는 발언이었다. 따라서 혁명은 레닌의 경우처럼 계급 권력의 보루(지켜야 할 대상을 비유적으로 이르는 말)에 대한 공격이 아니라, 문화적 영향력을 확대하고 폭력이라는 요소를 부차적으로 만드는 **과정**으로 재해석된다. 《옥중수고》에서는 이런 개념이 일반적인 정치 원리로서 반복적으로 나타나는 것을 볼 수 있다.

이탈리아 역사에 관한 메모에서 그람시가 다음과 같이 말한 경우가 대표적이다. "사회집단의 패권은 '지배', 그리고 '지적·도덕적 지도력'이라는 두 가지 방식으로 나타난다. 적대 집단을 지배하는 사회집단은 '제거' 또는 무력으로 굴복시키는 경향이 있으며, 이런 점은 동족과 동맹 집단을 이끄는 방식이기도 하다." 앞서 언급했듯이 여기에는 동의와 물리력의 고전적 구분이 존재한다. 하지만 그람시는 다음과 같이 계속 주장한다. "사회집단은 정권을 잡기 이전이라도 '지도력'을 발휘할 수 있고, 실제로 그래야 한다(이것은 실제로 권력을 차지하기 위한 요건 중 하나이다). 그 뒤에 권력을 행사하면 지배 집단이 되지만, 권력을 확고하게 장악하더라도 예전과 마찬가지로 계속해서 '지도력을 발휘'해야 한다"(1971: 57-8).

그람시는 시민사회에 대한 헤게모니를 장악하는 것은 권력 쟁취에 부차적인 것이 아니라 **선결 조건**이라는 점을 시사한다. 이 말은 19세기 부르주아 혁명에 관한 일련의 메모에서 언급된다. 그는 프랑스 혁명에서 급진적인 '자코뱅파Jacobins'가 **구체제**(앙시앵 레짐Ancien Régime)를 무너뜨리기 위해 지지 기반을 자체적으로 구축했다고 말한다. "그들은 부르주아 정부를 구성하는 일, 즉 부르주아 계급을 지배계급으로 만드는 일만 했던 게 아니다. 그 이상의 일을 했다. 그들은 부르주아 국가를 세우고 부르주아 계급을, 국가를 이끄는 헤게모니 계급으로 만들었다. 달리 말하면 새로운 국가에 항구적 기반을 만들어 프랑스를 탄탄한 근대 국가로 탄생시켰다"(1971: 79). 그람시의 이 주장에는 공산주의자들도 부르주아 계급과 똑같은 방식으로 혁명을 사고해야 한다는 함의가 들어 있다. 다시 말해 단순히 국가를 '점령'하는 것이 아니라 앞서서 (그렇지만 그 이후에도) 시민사회를 주도해야 한다는 것이다.

국가와 시민사회에 관한 그람시의 발언은 마르크스주의 정치사상에 중요한 혁신이다. 그에게 국가는 질서를 강제하기 위해 모든 물리적·재정적 자원을 동원하는 부르주아 계급의 노골적인 '독재'가 아니다. 오히려 국가는 정치집단과 계급들이 다양한 이해관계를 가진 연합체를 유지하고 통합 문화를 발전시킴으로써, '패권'을 다투는 보다 큰 경쟁 공간을 의미한다. 나아가 그람시는 국가를 이른바 "통합적 의미"로 "독재dictatorship + 헤게모니hegemony"(1971: 239), 또는 물리력 + 동의라고 정의한다. "달리 말하면 국가 = 정치사회 + 시민사회, 즉 헤게모니가 강압이라는 갑옷으로 보호받는다고 할 수 있다"(1971: 263). 국가의 경계를 모호하게 만드는 이런 '총체적' 또는 '통합적' 의미에서, 시민사회는 국가가 사회를 그 권위에 효과적으로 통합하는 한, "국가 그 자체로" 간주된다(1971: 261).

그렇다면 혁명에 대한 관심의 주된 초점은 강압적인 국가 기구에 맞서는 것이 아니라, 헤게모니가 행사되는 여러 시민 결사체와 동맹 집단 및 계급들의 보다 모호하고, 느슨하게 조직된 영역과 관련지어 살펴보는 것이어야 한다. 그람시의 분석에서는 부르주아 권력을 지탱하는 복합적인 "세력 관계relations of forces"를 알아내는 것이 중요하다(1971: 180-5). 이런 접근방식은 그람시가 군사적 비유를 사용하여, 이른바 '기동전(또는 이동전)'이라고 불렀던 것에서 '진지전'으로의 전환을 의미한다. 기동전은 적과의 정면 대결을 말하는 반면, 진지전에서는 적 주변의 핵심 지역을 점진적으로 점령하는 것이 수반된다. 그람시는 정치에서도 이런 진지를 확보하는 것은 "확실히 결정적이다"라고 말한다(1971: 239). 바꾸어 말하면, 혁명전략에서는 헤게모니의 요새*를 자신에 대한 지지로 바꿔 놓아야 한다는 것이다. 이런 군사적 용어가 혁명가들 사이에서 흔히 쓰이고 있었지만, 그람시는 "정치가 (…) 우선권을 가져야 한다"라는 점을 분명히 했다. "정치만이 기동manoeuvre과 이동movement의 가능성을 만들어 내기 때문이다"(1971: 232). 그는 마르크스주의자들이 군사적 정복에 쓰이는 용어뿐 아니라 정치 투쟁의 미묘한 언어를 구사할 필요가 있다고 주장했다.

그람시가 혁명 과정에 대한 철저한 정치적 이해를 구해야 한다고 강조한 것은 러시아의 헤게모니 논쟁에서 시사했던 바와 같이, 동맹 형성의 우선순위를 단순히 되풀이하는 것을 넘어서는 일이었다. 그는 계급 권력이라는 개념 자체를 재

---

* 시민단체, 언론 및 미디어, 교육 및 종교기관 등.

구성한다. 그리고 그는 오직 경제결정론만으로 사회 전반을 '객관적'으로 분석할 수 있다고 보는 마르크스주의의 위상을 거부했다(1971: 407, 412). 비록 경제적 계급과 사회구조가 모든 지배의 기저가 되는 상황일지라도, 그는 경제적 '토대'가 문화적·정치적 '상부구조'를 직접적으로 결정한다고 확고하게 주장하는 단일 인과론적 설명을 받아들이지 않았다. 상부구조의 요소들(시민사회, 국가, 이데올로기)은 계급의 이해관계를 부차적으로 반영한 것도, 경제구조에 의해 획일적으로 부과된 명령법을 따르는 것도 아니다. 그람시는 '토대'와 '상부구조'에 대해 말하는 대신, '역사적 블록'이라는 용어를 사용하여 경제구조와 정치적 이니셔티브(즉, 헤게모니의 영향력 정도)가 구체적인 조건에서 어떻게 변증법적으로 서로 얽히는지 설명했다(1971: 137, 168). 계급 지배는 결코 경제 권력이 자동적으로 확장된 것이 아니라, 생산관계의 영역을 넘어 그 영향력을 점차 확대함에 따라 그 자체로 윤리적 국가*를 만들어내는 불안정한 정치적·문화적 결과물이다.

---

* ethical state, 여기서 '윤리적 국가'란, 국가가 단순히 특정 계급의 이익만을 대변하는 억압 기구에 머무르는 것이 아니라, 사회 전체의 보편적인 이익과 도덕을 실현하는 주체인 것처럼 보이게 되는 상태를 의미함.

지식인, 이데올로기, 상식

동의에 기반한 지도력이 어떻게 시민사회로 확장될까? 그람시는 헤게모니를 구축하는 데 있어 인간 의식의 중요성을 특히 강조했다. 여기서도 그는 계급과 이데올로기에 대한 조잡한 마르크스주의 모델에 비판적이었다. '서벌턴subaltern'(또는 종속적인) 사회계급이 지배계급에 의해 설득당한다면, 사상과 신념은 앞서 주어진 이해관계를 엄격히 '반영'한 것이 아니었다. 그람시는 오래된 자신의 언어에 대한 이해를 되살려서, 이데올로기는 계급의 거울도, 현실을 가리는 한낱 '허위의식'도 아니라고 주장했다(아이브즈Ives 2004: 72-101 참조). 이와 달리 '인민의 신념', 전통문화, 공유하는 사고방식, 지각은 전부 사람들을 실제로 '조직'하고 자신의 위치와 투쟁 의식을 갖게' 돕는 한, 심리학적인 '타당성'을 지닌다(그람시Gramsci 1971: 377). 흔히 평범한 문구와 단어에도 들어 있는 이런 세계관은 다양한 원천이 있고, 사람들이 사회적·정치적 권력을 받아들이도록 영향을 끼친다. 따라서 기존의 헤게모니 또는 잠재적 헤게모니를 이해하는 것은 이런 주관적 영역을 조직하고 이끌어야 할 대상으로 파악하는 것을 의미했다.

여기서 가장 중요한 그람시의 관심사는 《옥중수고》에서 주요 주제로 다룬 지식인이라는 범주였다. 이탈리아의 수많은 사상가들과 마찬가지로, 그람시도 정치를 엘리트의 활동 측면에서 이해했다. 정치학자 빌프레도 파레토Vilfredo Pareto와 가에타노 모스카Gaetano Mosca는 이 분야에 심취해 있었던 것으로 악명이 높다. 이들은 소규모 엘리트 집단을 정치권력의 필연적인 행위자로 간주했다(페미아Femia 1998 참조). 하지만 이탈리아 철학자들은 대체로 예술가나 유명 인사와 같은 부류의 엘리트가 공유하는 세계관을 고취하고 전파하는 데 특별한 책임이 있다고 생각했다. 정치와 문화에서의 지도력은 자주 우월한 엘리트가 무질서한 '대중masses'에게 영향을 끼치는 것으로 간주되었다.

마찬가지로 그람시에게는 국가를 건설하는 일도 지식인들에 의해 수행된다. 지식인은 독특한 사회 세력으로서의 자의식과 '동질감'을 계급에 부여하는 개념적 틀을 제공한다(1971:5). "비판적 자의식은 역사적으로나 정치적으로 지식인 엘리트의 탄생을 의미한다"(1971: 334). 그렇다고 지식인은 반드시 학자나 뛰어난 두뇌를 가진 천재(그람시는 이를 '전통적' 지식인이라고 언급함)일 필요는 없다. 다른 사람들에게 지식을 전달하고 정당화하며 도덕적 행위를 하는 데 있어 전문가 역할을 하는 "조직가이자 지도자"이면 된다고, 그람시는 지적한다. 세상에 대한 이해를 공유하고 사고한다면 모든 사람이 지식인이지만, "그렇다고 이들이 전부 사회에서 지식인의 기능을 수행하지는 않는다"(1971: 9). 즉 지식인은 교수나 철학자일 필요가 없지만, 지역적인 실천 활동을 사회적·정치적 삶에 대한 포괄적 비전으로 연결할 수 있는 전달자 역할을 할 필요가 있다는 것이었다. 지식인은 "정치적 지배와 사회적 헤게모니의 서벌턴subaltern으로 기능하는 지배 집단의 '대리인'이다"(1971: 12).

다양한 역사적 국면과 서로 다른 형태의 경제조직은 각각의 "유기적 지식인"의 범주 -경영자, 엔지니어, 교사 등- 를 만들어낸다(1971: 14-15 참조). 그리고 사회계급과 관련된 구체적인 활동(가령 금융, 재정, 무역, 또는 생산 혁신)을 보다 접근성 있는 언어로 번역하여, "지배 집단의 핵심층이 사회생활에 부과하는 보편적 방향에 대해 대다수의 사람들이 '자발적으로' 동의"하게 만든다(1971: 12). 이들과 함께, 초기 형태의 지식 구성을 대변했던 종교 지도자 또는 교수와 같은 '전통적 지식인'도 있을 것이다. 따라서 이 범주는 시간이 흐르면서 새로운 지식인이 등장하여 계급의 경제적 기능이 정치질서에 필수적이라고 합리화함에 따라 그 내용도 달라진다(1971: 334).

그람시는 지식인들이 평범한 사람들의 체계적이지 못한 사고방식에 개념적 질서와 일관성을 부여한다고 주장한다. 어떤 계급이 지도력을 발휘하기 위해서는 그들의 '철학'을 제한된 소수만을 위한 전문지식으로 고수하기보다는 대중적 형태로 정교화해야 한다. 달리 말하면 헤게모니는 조직되지 않은 채 방치되고 "모순된" 미숙한 믿음과 미신, 또는 관습을 고수하는 종속계급이 겪는 문제들에 공명하는 문화이다(1971: 326, 333). 그람시는 평범한 "세계관"은 전형적으로 파편적이고 일관성이 없을 뿐만 아니라, "고착화되고 시대착오적"(1971: 325)이며 "굴복과 지적 종속"(1971: 327) 관계의 유산이라고 보았다. 인간은 '과거의 요약'이며, 현재와 과거의 사회관계가 켜켜이 쌓인 "종합체"(1971: 353)이다. 사람들은 보통 검증되지 않은 '상식'과 의견을 통해 실제 삶을 살아간다. 이런 것들은 사람들의 즉각적인 태도를 규정하지만 권력 구조와의 관계를 가리고, 종종 '숙명론적'으로 생각하게 만든다. 이런 신념은 '분별력'이나 실용적인 합리성의 기초가 되지만, 대개 그런 측면은 사라지고 비판적인 성찰이 결여된 진부한 내용만 남는다는 것이, 그람시의 주장이다(1971: 348).

이렇게 보면, 지식인의 임무는 내적으로 일관성 있는 보다 발전된 철학과 상식을 연결하여 질서를 부여하는 일이다. 그렇다고 해서 상식을 간단히 포기한다는 말이 아니다. 그람시가 보기에, 보통 사람들은 본능적인 집착과 열정적인 신념으로 오래 지속된 평소의 사고방식을 포기할 공산이 없다. "**보통 말하는** 그런 대중 속에서 철학은 신앙으로만 느껴질 수 있다"(1971: 339). 그래서 '지식인'과 '대중'은 언제나 기능적으로 분리되어 있을 것이다. 하지만 모든 헤게모니적 이데올로기는 평범한 사람들의 '삶'에 파고들기 위해 일관성 있는 철학과 기존 상식에 기반을 두고 강화될 것이다. 이런 측면에서 헤게모니 다툼은 그람시도 직시했듯이 대중의 태도와 편견을 '교육'하고, 이에 일관성을 부여하는 것을 수반한다. 또, 기존 신념을 새로운 형태의 '지적·도덕적 질서'에 맞게 재구성하는 것을 포함한다(1971: 325).

혁명 윤리, '현대의 군주'

그람시는 새로운 헤게모니가 어떻게 조직된다고 보았을까? 레닌주의의 관습 방식대로라면 혁명당이 이 과업을 맡는다. 그람시는 마키아벨리의 저서 《군주론 The Prince》이 나온 이후 공산당을 '현대의 군주'로 생각했다. 현대의 군주로서 공산당은 '서벌턴' 계급을 새로운 프롤레타리아 문명사회의 비전으로 통합하는 공동의 국가 건립자였다. 그람시의 시각에서 공산당은 유기적 지식인을 연결하여 새로운 "신화 myth" 또는 "세계관"(1971: 132)을 널리 전파함으로써, "국민-인민적 집단 의지"(1971: 131)를 일깨우는 프랑스 혁명 당시의 자코뱅파 같은 세력이 되어야 한다. 이런 측면에서 보면 헤게모니는 정치적 목표와 필연성의 언어로 포장되긴 했으나 **윤리적** 관점을 시사한다. 그람시는 도덕적 사상가로서 글을 쓰지는 않았지만, 그럼에도 헤게모니는 '윤리적-정치적'이다. 헤게모니 전략이 시민사회 단체의 일부 모델과 불가분의 관계에 있기 때문이다.

그람시에게 당의 목표는 지도자와 피지도자, 즉 '엘리트'와 '대중' 간의 엄격한 구분을 극복하는 방식으로 사회를 변화시키는 것이 틀림없다. 그렇지 않으면, 사회 변혁은 광범위한 대중의 적극적인 참여 없이 그저 통치 계급만 교체하는 '수동 혁명'이 될 위험 소지가 있었다(1971: 106-14). 이 점이 바로 이탈리아 통일의 근본적인 문제였다. 마찬가지로 스탈린 치하의 소비에트 연방 역시 그럴 가능성이 있었다(바카Vacca 2020: 2장 참조). 《옥중수고》에 실린 그람시의 언어는 군사 전략과 문화, 그리고 교육적인 국면 사이를 계속 오간다. 현대의 군주는 독특한 혼성체이다. 이를테면 중앙집권적 연합 세력을 주도하면서, 전반적인 '세력 관계'에 비추어 전술을 짠다. 하지만 동시에 대규모의 추종자를 육성하고, 비위계적 원칙에 기반한 집단적 주체의 새로운 유형을 준비하기도 한다.

이렇게 서로 다른 목표는 어떻게 조화될 수 있을까? 그람시는 지도자와 피지도자를 영구적으로 분리하는 것에 비판적이었다. 하지만 약간의 구분은 여전히 필요하다고 확신했다.

"통치자와 피통치자, 지도자와 피지도자는 실제로 존재한다. 모든 정치학과 정치 기술은 이 원초적인 (조건이 주어지면) 환원 불가능한 사실에 기초한다"(1971: 144). 따라서 그람시의 정당 모델은 규율 있는 위계 조직을 강조하는 동시에, 사상과 사람들의 상호교류도 허용했다. 당이 시민사회 전반에 입지를 굳히려면 다수의 지식인과 일반 당원도 필요하다. 이들은 새로운 상식을 전달하는 매개자이자 사상을 수용하는 사람들이다. 이들이 없다면, 당의 강령은 수동적이고 '무비판적' 당원들에게 위에서부터 전달되는, 도전받지 않는 일련의 철학적 선언이 되고 말 것이다(1917:145). 따라서 당은 프롤레타리아와 농민이 거주하는 지역사회, 그리고 산업 공장에서 조직되어야 한다.

하지만 당은 또한 (마르크스주의 같은) 복잡한 기술적 이론과 원리를 이해하고, 그 내용을 일반 당원과 동맹에게 전달할 수 있는 유기적 지식인을 찾아야 한다. 그람시는 노트 한 권을 할애하여 "미국주의와 포드주의Americanism and Fordism"-프레더릭 테일러Frederick W. Taylor가 주창하고, 헨리 포드가 미국에서 실행한 '과학적' 대량생산 관리시스템- 라는 제목을 붙여 이 현상에 대한 글을 썼다(1917: 279-318 참조). 이 시스템은 노동자를 교육하고 기술 전문가와 관리자 중에서 새로운 지도자를 양성하여, 미래의 헤게모니를 위한 경제적 토대를 제공할 수 있었다. "지적·도덕적 개혁은 경제적 개혁 프로그램과 연결되어야 한다"(1971:133).

하지만 노동자는 '자발적으로' 모습을 드러내도록 내버려 두는 것이 아니라 이끌어야 할 필요가 있었다. 당은 지식인들에게 방향을 제시하고 공통의 원칙을 가르쳐서, 그들이 조직의 주요 과제와 전술 목표에 부합하도록 해야 한다. 그래서 그람시는 다른 혁명가들의 의견을 따라 당 내부에 '민주적 중앙집권주의' 모델을 권고했다. 당 내부에서는 서로 다른 상반된 관점을 논의할 수 있지만 일단 결정이 나면 모든 사람이 그 결정에 따라야 하고, 그 이후의 의견 충돌은 금지되었다(1971: 155 참조). 그렇게 함으로써 혁명에 적합한 위계질서(군사적 의미의 실행 명령과 함께)를 유지하는 동시에 다양한 의견을 경청할 필요성이 있었고, "조직의 실제 운동에 지속적으로 적응하고 아래로부터의 요구와 위로부터의 명령이 조화를 이룰 수 있도록"(1971; 188) 했다. 생산직 노동계급과 다른 가치관 및 충성도를 지닐 수 있는 다른 사회계급들로부터 지식인을 끌어들이는 역할을 감안할 때, 당은 '지도력과 일반 당원 사이의 동질성'을 유지할 필요가 있었다(1971: 158).

그람시의 당 내부 기능에 대한 제안은 레닌주의의 혁명 지휘부 모델과 사회민주주의의 대중 정당 모델을 결합한 것이었다. 이는 분명 모순되는 조치이며, 이 두 모델을 함께 작동하게 하려면 적어도 당의 기본 목표에 대한 전반적인 합의가 전제되어야 한다. 그람시가 생각한 당의 이미지는 -스탈린이 관료적 통제를 공산당에 강제하려는 것에 대해 매우 비판적이었다는 점에서 볼 때- 한편으로는 민주적 경향을 나타냈지만, 다른 한편으로는 권위주의로 향할 가능성이 컸다. 특히 그가 "인간의 양심 안에서" 당은 "신 또는 정언 명령을 대신한다"(1971: 133)라고 시사할 때 더욱 그러했다. 이 말은 당이 자체 종교를 가진 일종의 대체 교회가 되어야 한다는 뜻이다. 페미아가 지적한 것처럼(1981; 172; 바카Vacca 2020: 4장 참조), 민주적 참여라는 자유주의 모델이 아닌 것은 확실하다. 그람시 동조자들에게는 그의 모델이 독특할 정도로 포용적이고 민주적인 급진적 정치 모델이다(사순Sassoon 1987; 골딩Golding 1992 참조). 하지만 다른 사람들에게는 그의 헤게모니 전략이 그다지 민주적이지 않게 보일 수 있다. 그람시의 표현은 때로 반대의견에 강한 관용적 태도를 보여준다. 하지만 동시에, 그는 확고한 규율과 당에 대한 '전적인' 헌신, 반대의견에 대한 무관용의 필요성도 지지한다.

그람시의 분석에 나타난 긴장

그람시의 《옥중수고》는 원문의 뉘앙스를 추적하는 학자들에게 흥미진진한 책이다. 그의 수많은 발언에는 때로 사소하지만 여러 차례 말을 바꾼 경우가 있다. 당시 그가 수감자 신분으로 탐구했다는 점에서 긴장감은 불가피한 면이 있다. 그람시가 감옥에서 살아 나왔다면, 자신의 사상에 대해 뭐라고 했을지는 정확히 알 수 없다. 그는 변화된 상황에 맞게 자신의 사상을 더 수정했을까? 당시 널리 퍼져있는 공산주의 노선을 지지, 또는 반대하기 위해 자신의 사상을 적용했을까? 대답할 수 없는 질문들이다. 하지만 우리는 그람시의 후대 독자들이 직면해야 했던 개념적이고 전략적인 긴장감을 살펴볼 수는 있다.

경계가 여전히 모호하게 남아 있는 물리력과 동의는 대표적인 경우라 할 수 있다. 그람시는 가끔씩 동의만을 헤게모니와 동일시했다. 하지만 헤게모니 정치는 물리력**과** 동의의 '균형' 역시 수반한다. 그렇다면 어느 순간에, 동의가 물리력도 수반할까? 또 이것은 어떻게 정당화될 수 있을까? 강압은 시민사회에서도 필요할까? 동의가 -파시즘의 경우처럼- 체제적인 괴롭힘과 협박을 은폐하는 연막으로 쓰이지 않게 하려면 얼마만큼의 폭력을 허용해야 할까? 그람시의 후대 독자들은 그가 물리력과 동의를 계급 지배의 혼재된 측면으로서 다루기보다는 나란히 두는 경향 때문에 비판적이었다(앤더슨 Anderson1976-7의 경우 참조).

여기서 생기는 의문은, 사회주의 혁명은 국가 권력을 장악하기 이전에 광범위한 동의가 필요한지, 필요하다면 어느 정도인지에 대한 전략적 측면이다. 그람시는 구질서와의 확실한 단절을 위해 폭력의 순간이 존재할 가능성을 내비쳤다. 그런데 다른 곳에서는 특히 새로운 헤게모니를 장악할 준비가 되었을 경우 최소한의 물리력만 필요하다고 말한다. 이런 주장들은 전체적으로 상반된 입장은 아니다. 또 실제 역사적 조건들이 상당한 차이를 만든다는 점을 시사한다. 하지만 이런 주장들은 혁명 운동에 다양한 전술적 접근법을 필요로 한다. 폭력에 대비할 것인지 아니면 대비하지 않을 것인지, 적과 타협할 것인지 아니면 물리칠 준비를 할 것인지 등이 그에 해당한다. 그람시는 헤게모니의 완전한 장악을 점진적 과정으로 묘사했다. 이는 비현실적이지 않지만, 재산 소유권과 생산 통제가 본질적인 자본주의에서는 명확한 한계에 부딪힐 가능성이 매우 크다. 그는 지도력과 동의에 대해 말했지만, 자신의 분석에서 군국주의적 어조를 결코 포기한 일은 없었다.

또 다른 긴장은 그람시가 경제결정론에 반대하는 방식에

있다. 그는 주체성을 경제적 이해관계로 환원될 수 없는 복잡한 독립적인 요소로 강조하면서, 대중의 신념과 상식에도 특별히 관심을 기울였다. 이는 계급에 대한 마르크스주의의 강박관념이 지적으로 오류이며, 정치적으로도 악영향을 준다는 그의 견해를 강조하는 것이었다. 헤게모니는 단순히 구조적으로 비롯된 이해관계에 의해 구분되고 기계적으로 결합하는 각 계급들의 동맹이 아니라, 오히려 '국민-인민적 national popular'이라고 일컫는, 완전히 새로운 집단적 주체를 암시한다.

그렇지만 그람시는 헤게모니 정치의 필수적인 토대라고 보는 계급을 완전히 포기하지 않았다. 그는 개별 주체들이 다양한 방식으로 구성된다고 주장했지만, 그럼에도 모든 이념과 사회적 경험은 계급의 실제적(또는 '경제적') 관계로 인해 불가피하게 영향을 받는다는 사실을 분명히 한다. 그로 인해 헤게모니를 장악하려는 지도력 내부에 긴장감을 유발한다. 사회계급은 어느 정도까지 집단의 이해관계를 초월하여 동맹과 협력할 수 있을 것인가? 특정 **계급** 의식은 국민-인민적 헤게모니에 얼마나 중요한가? 어느 정도까지 헤게모니를 장악해야만 지배계급임을 나타내는 것인지, 아니면 지배계급이 독립적으로 기능할 수 있는지는 여전히 불분명하다.

마지막으로, 앞서 언급한 바와 같이 그람시의 당 전략에 대한 설명은 정치적 지도력의 권위와 이를 따르는 사람들의 자유 사이에 윤리적 긴장감을 나타낸다. 그람시는 다양성을 인정하고 가치 있게 생각했기 때문에, 상대적으로 '자유주의적' 마르크스주의자로 평가되는 경우가 많다. 하지만 이념적인 조직 규율에 대한 강조는 계급을 초월한 호소력을 지닌 대중 기반의 비교조주의적 정당을 향한 그의 열망과 긴장 관계를 유지한다.

이런 긴장감은 치명적 결함은 아니다. 사실 어떤 측면에서는 그런 긴장감이 아직 완결되지 않았다는 점과 함께 복잡하고 미묘한 그람시의 주장을 분명히 보여준다. 그는 현대의 상황에 맞게 헤게모니를 재구성함으로써 개념적으로 해결할 수 없는 혼란스러운 역사적 현실에 맞서고자 했던 것이다.

톨리아티와 '새로운 정당'

그람시는 파시스트 정권이 조건부 석방을 뒤늦게 허락하기 전인 1937년 4월에 사망했다. 하지만 그의 《옥중수고》 원고는 이탈리아 밖으로 몰래 반출되어, 1945년 나치와 파시스트 정권이 몰락할 때까지 안전하게 보관되어 있었다. 전쟁이 끝날 때까지 이 원고의 존재를 아는 사람은 소수였다. 그람시가 사망하지 않고 그의 사상에 대해 소비에트 연방 당국이 알았다면, 그 역시 스탈린주의를 비판한 다른 사람들처럼 침묵했을 공산이 크다. 그는 소비에트 연방의 권위주의에 실망했을 뿐 아니라, 마르크스주의의 조잡한 과학주의에 대한 일축과 비교조주의적 접근방식, 유연한 동맹 정치에 관심을 둔 탓에 공산주의 정권과 상당한 마찰을 빚었다. 어쩌면 그가 감옥에 고립되었기 때문에, 그와 그의 사상이 공식적인 공산주의 역사에서 완전히 지워지는 일을 막았을 수도 있다.

미국과 소비에트 연방의 주도로 여러 국가들 사이에 이념적인 대립 구도가 '냉전Cold War'이라는 새로운 국제 정세로 이어진 것은 그람시 사후의 불가피한 유산이었다. 그람시가 체포된 후, 그의 친구 겸 동지이자 이탈리아 공산당PCI을 이끌었던 팔미로 톨리아티Palmiro Togliatti(1893-1964)의 지도력은 당시 매우 중요했다. 톨리아티는 특히 당의 방향에 영향을 끼친 그람시의 사상을,《옥중수고》초판을 관장하면서 접하게 되었고, 이것이 전후 처음으로 헤게모니가 받아들여진 계기였다(건들Gundle 1995 참조).

지도자로서 톨리아티는 1926년 그람시와 함께 합의했던 노선을 추구했다. 두 사람은 당과 노동계급의 '분리'를 실수라고 인정하면서, 이탈리아가 처한 '객관적 상황'에 맞게 전략을 조정해야 한다고 주장했다(톨리아티Togliatti 1979: 26). 당연히 공산주의자가 주도하고, 다른 반파시즘 세력과 함께 계급 간 동맹을 촉진한다는 의미였다. 톨리아티는 1930년대 내내 파시즘이 '고정된 것, 즉 고정된 동질적 세력이 아니라 아직 발전하고 있는, 저항해야 할 권위주의적 정치 형태라고 주장했다(톨리아티Togliatti 1976: 26-7).

톨리아티는 1944년 이탈리아로 돌아와, 당이 '민족 해방'에 참여하는 것을 기반으로 다시 새로운 상황에 적응하고자 했다. 그는 이탈리아 공산당이 입헌 민주주의와 정치적 투명성을 수용하고 실질적 문제에 대해 전국적 토론을 열어, 볼셰비키 모델에서 벗어나는 '새로운 정당'(*partito nuovo*)으로 변모할 것이라고 발표했다. "대중적인 정책이 우리의 정책이다. 이는 인민의 정책이며, 앞으로도 그럴 것이다. 실행으로 옮기는 방법도 대규모로 이루어지고 대중성을 띠어야 한다"(1979: 31). 그가 보기에, 혁명에서의 폭력은 특히 미국 전함이 이탈리아 연안에 정박해 있다면 전혀 효과가 없었다. 톨리아티는 새로운 국내 상황과 국제 정세 속에서 당의 취약성을 인식했으나 동시에 당의 빠른 인기를 의식하고, 대중 민주주의라는 새로운 조건에 맞게 두 대전 사이에 있었던 반파시즘 정책을 다시 전개했다(사순Sassoon 1981).

표면상으로는 자본주의 전복을 추구하는 공산당이었지만, 톨리아티의 이탈리아 공산당은 충성스러운 지지자들로 형성된 대중을 기반으로 성장했다. 당 조직은 이탈리아 사회에 광범위하게 깊숙이 뿌리내리고, 대중의 삶과 지방정부, 그리고 작업 현장에까지 다양한 민주적 참여 형태를 넓혀감으로써 서유럽에서 가장 큰 공산당이 되었다(쇼어Shore 1990). 주목할 만한 점은 당내 지식인들에게 자신의 견해를 발전시키고 당의 노선에 반대할 수 있는 상당한 재량을 허용하면서 공산당 학교, 신문, 평론을 통해 강한 문화적 영향력을 키웠던 일이다. 이런 식으로 톨리아티는 그람시의 옥중 원고에서 그 실마리를 얻어 당을 만들어 나갔다.

톨리아티는 당초 그람시를 러시아 혁명에 충성스러운 국내파 마르크스주의자로 옹호했다. 하지만 1953년 스탈린이 사망한 후, 그리고 1956년 소비에트 연방이 스탈린의 '개인숭배'와 범죄를 시인하자, 그는 그람시를 옹호하는 방식에 변화를 주었다(톨리아티Togliatti 1979: 115-42). 그람시는 그 나름의 독특한 사상가로 인정받고 있었으며, '헤게모니' 개념과 '진지전', 당에 관한 일반 이론이 독특한 설명으로 제시되었다(1979: 200-6). 톨리아티는 자신의 실용주의적 전략을 이탈리아의 역사적 조건에 대한 그람시의 생각에 화답한 것이라고 말했다. 이는 시민사회 전반에 문화적·정치적 입지를 구축하여 사회주의를 점진적으로 건설하는 과정을 필요로 했기 때문이었다. "우리는 이미 한 정당으로 큰 진전을 이루었고, 그람시의 가르침을 따라 노동계급 운동과 이탈리아 사회 전체를 앞으로 나아가게 했다. 우리는 이 가르침으로 계속 되돌아가야 한다"(1979: 159). 이른바 '사회주의로 가는 이탈리아의 길(via italiana al socialismo)'은 국가의 특수한 조건의 우위를 강조했다. 톨리아티는 '집합적 지식인collective intellectual' -노동계급과 국가를 통합하기 위해 시민과 문화 세력을 결집하는 창의적인 통합 중심체- 이라는 당의 개념을 그람시 덕분이라고 생각했다(1979: 198-202).

그런데도 톨리아티는 **도피에자**doppieza, 즉 '이중성'을 지녔다는 비난을 받았다. 특히 미국과 동맹을 맺고 공산주의자들이 국가연립정부에 참여하는 길을 영구적으로 차단했던 기독민주당이 그에 대한 비난에 앞장섰다. 당시 공산주의자들은 한편으로 대의민주주의를 지지하며 법질서, 공적제도, 복수 정당의 다양성을 존중하고 '최고의' 목표를 위해 기꺼이 타협하고자 했다. 다른 한편으로, 그들은 러시아 혁명 유산, 소비에트 연방의 국제적 지도력, 그리고 '구조 개혁'을 통해 좀 더 참여적인 민주적 사회주의로의 대체를 옹호하면서, 사회적 병폐를 자본주의와 동일시했던 마르크스주의 전통을 (모델로 삼지는 않았지만) 충실히 따랐다. 이런 사실은 연합정부를 목표로 하는 의회 개혁주의**와** 당이 의회 민주주의를 넘어 사회를 주도하는 혁명적 변화까지 **모두** 의미했다. 그래서, 공산당은 개혁에 전념했을까? 아니면 혁명에 몰두했을까? 또 대의민주주의 **안에서** 헤게모니를 장악하려 했을까? 아니면, 대의민주주의를 **대체**할 목적으로 헤게모니를 쥐려 했을까?

앞서 살펴봤듯이, 이런 문제는 그람시의 저작에 나타난 긴장에서 어느 정도 파악할 수 있다. 합의에 기반한 진지전은 -바뀌는 계기가 있다면- 어떤 계기로 폭력적인 기동전이 될까? 그람시는 자본주의가 혁명을 (설령 멀리 있더라도) 실현 가능하게 만드는 '본질적 위기'를 겪고 있다고 믿었다. 반면, 톨리아티는 전후 상황을 다르게 판단했다. 그는 그람시의 저작이 혁명적 열망과 연속성을 유지하면서도, 공산주의 전략을 조정하는 데 중요한 자원이라는 사실을 알고 있었던 영리한 지도자였다. 하지만 그가 보기에 파국을 초래하는 붕괴와 혁명을 일으켜서 공격하는 시대는 지났다. 따라서 당은 의회 민주주의를 포함하여 파시스트 이후의 새로운 한계 상황에서 활동하면서, 호소력이 있는 대중 사회주의의 비전을 이탈리아 사회에 제시해야만 했다. 더 급진적인 그의 비판에도 불구하고, 당이 구조적 변화에 전념하는 동시에 전후 이탈리아의 안정화에 기여한 것은 결코 작은 성과가 아니었다. 역사가 도널드 사순(1990)은 (실질적 힘을 잃은) 모든 전략의 모호성에도 불구

2장 그람시, 헤게모니와 혁명

하고, 공산당PCI은 이탈리아 민주주의 정착에 크게 기여했다고 강조했다.

결론

그람시는 혁명을 새롭게 개념화할 목적으로 헤게모니를 설명하면서, 이 개념을 협소한 지도력의 원리에서 강압과 동의에 대한 관리를 통해, 정치질서가 어떻게 확립되고 유지되느냐 하는 일반 이론으로 완전히 바꿔 놓았다. 그는 권력, 전략, 문화, 급진적 사회변화에 대한 전망 등에 관련된 다양한 사상과 원리를 연결하는 개념을 유산으로 남겼다. 앞서 시사했듯이, 그의 사상에는 헤게모니를 해석하고 '적용하는' 다양한 방식을 뒷받침하는 여러 강조점과 긴장감이 존재한다. 바로 이 때문에, 그람시는 헤게모니를 통해 최종적인 해답을 제공하기보다는 권력과 지배에 대해 문제를 제기하는, 즉 헤게모니가 열어주는 가능성들을 인식하는 법을 내놓은 혁신가로 보는 편이 더 나을 수 있다.

그람시의 사상이 등장한 두 대전 사이의 유럽 상황은 제도적 위기, 급진적인 이념의 변화와 재편, 심각한 정치 폭력이 두드러진 매우 특별한 시기였다. 2차 세계대전 후에는 그람시가 막 이해하기 시작한 대중정치가 서구의 자본주의적 민주주의를 정의하는 데 크게 이바지했다. 이런 새로운 맥락(톨리아티가 직면해야 했던 상황)에서 정치는 대체로 제도적인 안정을 이루었고, 양극화를 초래했지만 동질적인 이념적 분열*이 일어났으며, 국내외적으로 비교적 평화로운 분위기 속에서 수행되었다. 혁명 전략이라는 주제는 이런 새로운 조건에서 지배의 메커니즘과 특성을 어떻게 이해하느냐 하는 문제보다는 점차 덜 시급하게 되었다. 전략적인 질문은 여전히 남아 있었지만, 급진주의자와 혁명가의 기회는 점점 제한되고 있었다. 폭력적인 반민주적 독재 때문이 아니라 상대적인 대중과 민주적 제도, 재분배를 통한 복지국가, 포용적 정치문화 때문이었다. 다음 장에서 보겠지만, 그람시의 헤게모니에 대한 설명은 마르크스주의자들이 전후 자본주의 국가를 철저하게 재검토를 하는 데 기여했다.

---

* 대립을 구성하는 이념 자체는 '자본주의냐 공산주의냐' 하는 두 개의 거대 블록으로 '동질화'되어 있었다는 의미임.

3장

마르크스주의, 헤게모니와 국가

헤게모니 논의에 완전히 새로운 맥락을 제공한 것은 종전 후 서구의 여러 나라들이 복지국가로 전환하고, 보다 일반적으로는 전후 '소비자본주의'의 문화적·정치적 영향이었다. 이 시기에 '헤게모니'는 그저 혁명의 잔재로 남겨진 전문용어를 넘어 사회와 정치를 급진적으로 분석하는 기술 용어가 되었는데, 특히 정치사회학자와 문화연구자들 사이에 '선진 자본주의'의 새로운 지배 방식을 설명하는 데 유용한 사회과학 용어로 발전했다.

한동안, 자본주의 국가들은 완전 고용과 풍요가 지속되면서 상당한 대중적 동의를 얻었다. 전후 경제는 놀라울 정도로 성장했으며, 그로 인해 수많은 노동자의 삶이 실질적으로 개선되고 다수의 시민이 보다 건강한 삶과 교육 혜택을 누리면서 사회적 이동이 가능했다. 수년간의 두 대전 사이에도 불평등은 계속되었고 사회적 갈등도 끊이지 않았지만, 그럼에도 서구사회는 한동안 상상할 수 없는 정치적 안정과 사회 통합을 얼마간 이루는 듯했다(저트Judt 2005: 242). 그러나 1960년대 중반에 접어들어 경제성장이 내리막길로 향하고 탈식민지화 과정에서 가정된 영미문화의 우위가 흔들리자, 이런 성과가 바래지기 시작했다.

젊은 마르크스주의자와 급진적 비평가들에게, 헤게모니는 진화하는 정치적·문화적 구성물로서 자본주의 국가를 이해하는 방식이었다. 그람시는 마르크스주의 전통 안에 있는 다른 사람들과 마찬가지로, 계급 지배의 이데올로기적·정치적 차원에 명확히 초점을 맞춘 독특한 '서구' 마르크스주의자로서 점차 인정받게 된다(앤더슨Anderson 1979). 헤게모니에 관한 그의 글은 확고한 원칙이나 교조주의적 주장이 아닌, 정치적 역학 관계, 즉 정치의 변화, 반전, 패턴, 변동을 독특하게 겨냥한 개념들을 담고 있다. 앞으로 언급하겠지만, 이런 개념들은 자본주의에 대한 마르크스주의 설명을 역사와 정치의 특수성에 다시 연결하려는 사람들에게 매우 중요한 역할을 했다. 그렇지만 동시에 헤게모니 개념에서는 사회변화의 문화적·정치적 조건을 강조하면서 경제적 관계의 '우위'를 주장하는 마르크스주의의 가설을 문제 삼았다.

합의 정치?

헤게모니는 어떤 계기로 1960년대에 부활하게 되었을까? 부분적으로는 마르크스주의의 이론적 유산이 새로운 형태의 사회적 갈등을 설명하기에는 역부족이었기 때문이다. 전쟁 이전에 사회를 혼란스럽게 했던 수많은 극심한 불평등한 문제들은 국가체제가 바뀌면서 점차 해소되었다. 대규모의 복지(특히 보건, 주택, 교육), 완전 고용, 전례 없는 경제성장, 사람들에게 새롭게 주어진 소비와 여가의 기회로, 수년간의 두 대전 사이에도 끊이지 않았던 수많은 계급 갈등이 줄어들게 되었던 것이다.

미국과 서유럽 국가들은 강압으로 통치하는 권위주의적 구조에서 벗어나, 공공 서비스를 조정하고(어떤 경우에는 실제로 소유하여 운영함) 모든 시민을 대표하는 민주적 기관으로 자본과 노동자 모두의 이해관계를 관리하며, 세금을 부과하여 부를 재분배하는 공공기관의 집합체에 보다 가까워졌다. 서구사회의 경우 전후 기본적 가치와 정치권력의 역할에 대해 적어도 엘리트 계층에서 상당한 정도의 합의를 이루게 된다(카바나흐Kavanagh 1994 참조). 주류 정치학자들에게, 이런 합의는 시민들 사이에서 지배 엘리트와 정부의 전반적인 방향에 만족하는 표시이자, 수년간의 두 대전 시기를 규정했던 이념적 양극화가 끝났다는 신호로 받아들여졌다. 계급 갈등과 불안정한 정치적 적대 행위는 상당 부분 "사라진 것"으로 간주되었다(아몬드와 베르바Almond and Verba 1965; 벨Bell 2000).

하지만 새로운 형태의 분열이 나타났다. 원자폭탄과 핵전쟁 위협, 미국의 인종차별과 흑인 인권 운동, 과거 제국주의 식민지들이 독립을 쟁취했던 탈식민화 과정과 (베트남 전쟁과 같은) 국지적 군사 충돌이 대표적이다. 이런 분쟁은 역사, 목표, 행위자들이 다양하기 때문에 이분법적 계급 투쟁의 논리로 쉽게 이야기될 수 있는 게 아니었다. 또 기업 자본주의와 관료주의 정부를 조롱하는 '반(反)문화적' 의혹이 증가하면서, 화합을 이루는 듯했던 전후 합의에 균열이 생겼다는 신호이기도 했다. 1968년 《메이데이 매니페스토May Day Manifesto》의 저자들은 다음과 같이 말했다. "새로운 자본주의가 추구하는 정치적 목표는 (…) 진짜 갈등을 은폐하고 가짜 정치적 합의로 갈등을 끝내는 것이며, 삶과 이해관계에 대한 진정성 있는 급진적 공동체보다는 모든 사회집단 간에 가짜 우호 관계를 수립하는 것이다"(윌리엄스Williams 1968: 143). 이런 의혹은 1960년대 말과 1970년대에 걸쳐 '새로운 사회운동'으로 확장되었다. 경제성장이 둔화되고 계급 갈등이 분출하기 시작하면서, 서구의 부유한 사회민주주의 국가들의 문화적 위기감도 더욱 커졌다.

종전 후, 초기에는 마르크스주의 정치사상이 다소 침체 상태에 있었다. 냉전의 양극화로 유럽 공산당이 정치적으로 소외되었을 뿐만 아니라, 경직된 정통주의orthodoxy가 소비에트 연방을 중심으로 득세하면서 새로운 사상을 위축시키는 경우가 많았다. 마르크스주의자들은 애초 새로운 상황을 이해할 지적 자원이 거의 없었다. 국가, 정치, 이데올로기에 대한 접근방식은 환원적이고 도구주의 경향으로 흘렀다(밀리밴드Miliband 1977). 국가 권력은 대부분 강압적이라는 시각을 여전히 갖고 있었다. 이는 국가 권력을 자본주의를 유지하기 위한 '전체' 경제구조의 일부로 생각했다는 뜻이다. 이런 입장 때문에 마르크스주의자들은 전후 새로운 형태의 갈등과 사회민주주의에 대한 새로운 내용을 거의 제시하지 못했다. 하지만 곧 새로운 세대의 독자적인 마르크스주의 사상가들이 등장하여 -특히 1953년 스탈린이 사망하고 그의 범죄가 폭로된 이후- 공산주의 정통이론과 자유주의적 보수주의 주류정치학에 도전한다. 1950년대 중반부터 영국에서는 이른바 '신좌파New Left'가 그람시의 사상을 받아들여, 국가 권력의 다양한 양상을 탐구하고 문화와 정치적 합의에 이르는 조건을 비판적으로 살피기 시작했다(케니Kenny 1995).

계급의식과 엘리트 문화

1960년대 초 헤게모니에 관한 모든 논의의 핵심 자원은 〈뉴 레프트 리뷰New Left Review〉 저널에 게재되어 있었다. 특히 이 저널의 당시 편집자였던 마르크스주의 역사가 페리 앤더슨Perry Anderson과 톰 네언Tom Nairn이 내놓았던 분석은 그 중심에 있다(네른Nairn 1981; 앤더슨Anderson 1992 참조). '앤더슨-네언 논문Anderson-Nairn theses'이라고 알려진 이 자료집에서 저자들은 영국의 역사적 형성과 제국주의 이후 새로 등장한 위기를 (별개지만 상호보완적인 조사로) 탐구했다.

앤더슨과 네언은 전후 영국의 취약점을 타협적이었던 17세기 부르주아 혁명에서 찾았다(네른Nairn 1981: 11-91; 앤더슨

Anderson 1992: 15-47). 두 사람은 '자본주의 헤게모니'는 한 계급이 자신들만의 문화와 정치적 프로젝트를 가지고 다른 계급을 대체하는 혁명도, 농촌 지주계급에 맞서는 일도 아니며, 오히려 내부 갈등을 통해 달성되었다고 주장했다. 농업 자본주의는 훗날 산업 확장을 위한 조건*을 만들어냈다. 하지만 이 유산은 독립적인 '계급의식'을 가지고 현대화하는 사회세력이 되지 못했다. 앤더슨의 표현처럼, 오히려 부르주아 계급은 문화적으로 종속된 채 "귀족계급에 자신들을 통합시키는 데 급급했고"(1992: 21), 과거와도 완전한 단절을 보여주지 못했다. 영국 부르주아 계급은 학교 교육, 대학과 같은 전통을 무비판적으로 옹호했던 귀족계급의 문화적 명성 아래 안주했으며, 자신들만의 이념적 강령을 결코 선포하지 못하고 모호한 "일상적인 편견과 금기에 갇혀" 있었다(1992: 31).

따라서 스스로를 정의할 현대화된 부르주아 계급이 부재한 상황에서 노동계급은 배타적인 '길드guild' 전통을 넘어 자신들의 이해관계를 충분히 투영할 수가 없었다. 이 때문에 원대한 사회주의 프로젝트보다는 개별적이고 집단적인 노동자의 이익을 옹호하는 '노동주의labourism'에 오랫동안 집착하게

---

* 영국의 자본주의는 17세기부터 지주계급 내부에서 인클로저 운동 등 상업적 농업이 발달하면서 토지를 사유화하고 효율성을 높여 부를 축적(농업 자본주의)했는데, 이렇게 농촌에서 축적된 자본과 변화된 생산 방식이 훗날 산업혁명(산업 확장)의 밑거름이 되었음.

된다. 그 결과 영국은 엘리트와 귀족이 지배하는 제국주의적 질서의 사회적 관습과 구조라는 헤게모니에 매달려 혼란에 빠졌으며, 노동계급은 "사회 전체를 위한 목표를 설정하고 실행하는 일"에 실패했다(1992: 33). 앤더슨과 네언은 제국의 쇠퇴와 함께 영국의 지배계급이 점점 퇴행적 시각을 갖게 되면서, 재부흥을 위한 기술이나 과학 발전에 관심을 기울이지 않았다고 주장했다. 결국 이런 일로 1960년대 맥밀런 정부는 무기력해지면서, 수에즈 위기*라는 외교적 재앙을 초래하고 말았다.

앤더슨과 네언의 분석은 편협한 '기득권층', 즉 '고급' 문화를 지향하는 보수적 성향에, 혁신보다는 '지적 유산'에 얄팍하게 집착하고(앤더슨Anderson, 1992: 48), 급진적 또는 대중 기반의 연합보다는 배타적인 계급 간 타협 시스템의 "불가사의함에 기이한 신뢰"를 보내는 지배 엘리트가 영국에 존재한다는 점에 주로 중점을 두었다(네언Nairn 1981: 43). 이들의 분석에서 헤게모니는 주로 계급의식과 지적 지도력, 그리고 광범위한 대중 동맹의 결성을 중시하는 문화국가 건설 모델로 기능했다. 하지만 이 모델은 영국의 경험과는 상당한 차이가 있다. 나중에 앤더슨 자신도 초기의 이런 접근방식이 문화에 지

---

* **Suez crisis,** 1956년 말 이스라엘이 이집트를 침공하고, 여기에 영국과 프랑스가 개입한 전쟁으로 제2차 중동 전쟁이라고도 말한다.

나치게 치중했다고 인정했다. 그람시가 그랬듯이, 이는 프랑스 혁명을 과거와 확실히 단절하고 현대적인 공화주의 정부를 추구하는 새로운 지배계급이 통치하는, '제대로 된' 부르주아 국가의 표본으로 가정한 발언이었던 듯하다. 하지만 우리는 다음과 같이 질문할 수 있다. 왜 프랑스 혁명이 그런 역할로 상정되어야 하는가?

마르크스주의 정치분석을 특히 그람시의 논제로 옮겨놓은 것은 바로 이 헤게모니에 대한 엘리트 문화 관점이었다. 하지만 동시에 당대의 다른 급진적 정치분석가들의 선입견을 반영한 것이기도 했다. 이 분석가들은 정치권력을 공공기관에서 일하는 제한적인 사회집단들 사이의 협력과 공유된 가치의 측면에서 이해한 사람들이었다(밀리밴드Miliband 1973; 밀스Mills 2000 참조). 앤더슨과 네언은 이런 접근방식을 비판하고 역사에 초점을 맞춘 설명을 통해, 영국이 협소한 사회적 지지 기반에 시대착오적인 지배 엘리트들에 의해 발목이 잡혀있다는 만연한 인식을 강화시켰다. 이런 사실은 자연스러운 정치적 합의가 존재한다는 관점을 무너뜨렸다. 그 대신 제한적인 헤게모니 지도력의 한계와 역사적 타협을 부각시켰다.

구조주의와 자본주의 국가

마르크스주의 이론의 구조주의 경향은 1960년대 프랑스 철학자 루이 알튀세르Louis Althusser의 주도하에 등장했다. 다양한 분야에서 구조주의자들은 사회적 행동과 개인의 선택은 의식적인 결정이 아니라, 관계 질서를 만드는 근본적인 구성 원리(또는 구조)에 의해 설명된다고 주장했다. 알튀세르 역시 마르크스주의 이론을 역사적 탐구의 한 형태가 아닌, "생산 양식mode of production"으로 알려진 "구조적 앙상블"*의 독립적인 "과학"으로 부활시키고자 했다(알튀세르Althusser 1969: 알튀세르와 발리바르Althusser and Balibar 1970). 자본주의 생산 양식은 (사유 재산에 기초한) 일련의 경제적 관계로 구성되는데, 이 관계는 이념, 정치와 같이 '상대적으로 자율적인' 다른 구조들에게 자리와 기능을 할당했다. 알튀세르는 역사적 행위자들이 신념을 유포하는 것을, 권력과 지배의 탓으로 돌리기보다는 이런 차원들이 서로 어떻게 상호작용하는지 이해하는 데에 있다고 본, 마르크스주의의 자본주의에 대한 비판은 적절

* **structural ensemble,** '구조적 앙상블'은 단순히 여러 부분의 합이 아니라, 각 부분들이 서로 복잡하게 관계를 맺으며 전체를 이루는 유기적인 복합체를 의미함. 알튀세르에게 사회는 상부 구조(법, 정치, 이데올로기 등) 와 하부구조(경제적 토대)로 이루어진 하나의 거대한 '구조적 앙상블'임.

하다고 주장했다. 구조주의자들에게 개인과 사회계급은 그저 그들에게 할당된 구조적 역할의 '담당자bearers'일 뿐, 창조자 authors는 아니다. 마르크스의 통찰에서는 "이론적 반인간주의"*(알튀세르Althusser 1969: 229-31) 형태로 제시되었다. 즉 자본주의의 권력과 지배는 '의도적'으로 생겨난 것이 아니라, 신념을 초월하는 구조화된 관계이다.

유럽의 마르크스주의 사상에 변화를 가져왔던 것은 알튀세르의 철학이었다(엘리어트Elliot 1987). 그의 철학은 마르크스주의를 '현상학적' 인식과 경험으로 해석하기보다는 다양한 맥락에서 '객관적' 조건을 분석하는 혁명적 과학으로서 재창조할 것을 약속했다. 나아가 소비에트 연방의 교조주의에 맞서, 환원주의와 경제결정론을 거부하는 계급 정치와 전략에 관한 세밀한 접근법을 제시했다. 계급의 이해관계, 정치적 연합, 그리고 이들이 따르는 이상은 기저에 있는 단일한 경제구조의 '표출'이 아니라, 결합되거나 '중층적으로 결정된' 구조 차원의 결과물이다. 예컨대, 산업 분야의 노동계급은 경제적으로는 노동자, 이념적으로는 가톨릭 신자, 정치적으로는 반파시스트로 동시에 자리매김한다. 실제로 알튀세르에게 이데

---

* **theoretical antihumanism**, 사회를 분석하고 역사를 이해하는 데 있어 '인간'이라는 추상적이고 이데올로기적인 개념을 중심에 놓는 것을 거부하고, 대신 그 인간의 행위를 규정하는 객관적인 '구조'를 과학적으로 분석해야 한다는 입장.

올로기는 주체가 자신의 실제 존재 조건과의 관계를 단순히 '상상하는' 방식이었다(알튀세르Althusser 1971: 153). 이데올로기는 그 자체의 내적 연관성과 논리를 가지고 있기에 계급과 연결될 때만 -'전체'에 미치는 생산 양식의 효과로- '최종심급'에 나타난다. 그럼에도 자본주의하에서 주체는 노동자들이 착취당하는 현실 세계에서 멀어지게 하는 '이데올로기적 국가 장치', 즉 교육제도와 같은 공식적, 비공식적 제도를 통해 전파되는 '지배 이데올로기'의 포로가 되는 것이 전형적이라고, 그는 말한다. 따라서 알튀세르의 마르크스주의에서 정치와 문화는 끊임없이 움직이는 앙상블ensemble 속에서 교차하는 복잡한 구성물이며, 그 역동성과 변화패턴은 매핑되고 분석되어야 하는 대상이다.

국가와 헤게모니 분석에 구조주의는 어떻게 기여했을까? 구조주의적 통찰을 정치에 적용하는 데는 정치사회학자 니코스 풀란차스Nicos Poulantzas의 연구가 매우 중요한 역할을 했다(풀란차스Poulantzas, 1973, 2008 참조). 파리에 거주한 그리스 태생의 마르크스주의자 풀란차스는 구조적으로 **볼 때**, 국가는 '자본주의 사회 **속에** 있는 국가'가 아니라 '자본주의 국가'라고 주장했다. 국가는 때로 특정 계급에 의해 조정되는 중립적인 도구가 아니었다. 오히려 국가는 자본주의 생산 양식 내에서 '상대적으로 자율적인' 차원으로 자리했다. 또 경제적 관계로부터

'형식적으로' 독립되어 있지만, 전반적인 결정에는 종속되어 있다. 그로 인해 국가는 어떤 특정 계급과는 거리를 두면서 공평무사한 중재자로서의 역할을 할 수 있게 되었다.

풀란차스에 따르면, 국가는 '통합의 요소'로 기능한다. 이런 기능으로 국가는 '공공 이익'이라는 통합적 이데올로기를 투영하는 위치인 동시에, (소유관계, 자본에 대한 노동의 종속 등과 같은) 일반적인 조건들을 유지함으로써 생산 양식에 도움을 준다. 물론 정당과 (개별적 '계급 분파'를 대표하는) 다른 사회세력들은 특정 순간에 국가 기구를 장악하거나 영향을 미칠 목적으로 경쟁한다. 하지만 국가 기구의 형식상 자율성은 계급적 편향이 그 구성원의 문제가 아니라 구조적 특징이라는 것을 의미했다. 풀란차스는 앤더슨과 네언의 말 -영국의 실패는 지배계급의 계급의식 부족과 국가 기구에 대한 취약한 통제에서 비롯되었다는 생각- 에 이론적 오류가 있다고 주장했다(2008: 120-38). 그는 정치와 경제 엘리트들이 공유하는 가치와 개인적 인맥을 강조했던 랄프 밀리밴드Ralph Miliband(1973)의 이론과 같은 '경험주의적'* 마르크스주의 국가이론에 대해서도 잘 알려진 유사한 반론을 제기했다(2008: 172-85, 270-93). 부

---

* 여기서 '경험주의적'이라는 말은 밀리밴드가 국가의 본질을 분석하기 위해 주로 관찰 가능한 사실이나 개인들의 특성에 초점을 맞췄다는 의미.

르주아 계급 스스로가 지배계급이 되기 위해 정치권력을 반드시 장악할 필요는 없다는 것이, 국가에 대한 구조주의 입장이었다.

풀란차스의 자본주의 국가이론은 마르크스주의 역사가들이 내놓은 역사적인 설명보다 더 엄밀한 헤게모니에 대한 이해를 추구했다. 헤게모니는 주관적 이상이라기보다 어떤 특정 단계나 국면에서 공공 이익에 대한 평가를 둘러싸고 단결했던 부르주아 계급 분파들의 명확한 결합구조를 의미했다(1973:137-41). 이런 분파들이 모여 "권력 블록 power bloc"을 형성하고, 서로 모순되는 이해관계를 좁히면서 국가 기관에 보편적인 전략 방향을 받아들이게 했다(1973: 229-45). 대다수 구조주의자들보다 구체적인 변화에 더 민감하게 반응했던 풀란차스는 자본주의 국가의 다양한 변화패턴도 분석했다. 그에 따르면 '보통의' 국가들은 산업자본이나 금융자본과 같은 지배 분파들이 주도하는 권력 블록으로 조직화되었다. 그리고 두 대전 사이의 파시즘과 같은 '예외적' 국가 형태는 국가를 이끄는 지배 분파가 존재하지 않았기 때문에 독재자에게 의존했다. 이탈리아 파시즘과 독일 나치즘은 국가의 상대적 자율성을 활용하여 쁘띠부르주아지 분파*, 지대 자본, 독점 자

---

* petty bourgeoisie, 소상공인, 장인, 중소 자영업자 등을 말함.

본에 영향을 미쳤다(풀란차스Poulantzas 1974). 이후 연구에서 풀란차스는 전후 권력 블록의 동시대 위기와 국제 자본의 새로운 지배력에 대응하는 이른바 '권위주의적 국가주의' 전략을 살펴보기 시작했다(풀란차스Poulantzas 1978).

풀란차스에게 '헤게모니'는 주로 자본가들이 어떻게 국가를 통해 자신들의 공동 이익을 정치적으로 마련할 수 있는지를 살피기 위한 용어였다. 그는 사상과 경험에 중점을 두는 것을 거부하고, 대신 체제 형태를 뒷받침하는 계급 세력들의 변화하는 블록을 강조했다. 여기서 그가 헤게모니 분석에 이론적인 엄밀함과 미묘한 차이를 가져온 것은 확실하다. 그렇지만 일반적인 구조주의적 마르크스주의가 그랬듯이 매우 이론적인 그의 접근방식은 기능주의 경향을 나타냈다. 즉 그는 (스스로 '모순'과 계급 투쟁을 빈번하게 강조했음에도 불구하고) 자본주의가 분열과 갈등을 용인함으로써 자체적인 재생산 역량을 갖고 있다고 보았다. 만약 헤게모니가 언제나 지배계급만을 지원한다면, 헤게모니를 누가 장악하느냐는 실제로 무슨 차이가 있을까? 게다가 생산 양식이 '최종적으로' 모든 일을 결정한다면, 정치와 이데올로기는 경제구조에서 얼마나 독립적일 수 있을까?

풀란차스는 점차 자신이 주장하는 구조주의에 유연해지고 있었음에도, 부르주아 헤게모니가 어떻게 노동계급에 호소력을 지닐 수 있는지 면밀하게 탐구하지도, 그것이 좌파의 혁명 전략에 어떻게 적용할 수 있는지도 고려하지 않았다(1973: 204 참조). 따라서 이데올로기의 역동성(다른 계급이나 비계급 운동에 대한 이데올로기의 주관적인 호소력)에 대한 그의 분석은 더 나아가지 못했다. 구조주의적 마르크스주의가 정치의 혁신과 변화를 조명할 수 있는 범위를 헤게모니의 '객관적' 차원에 대한 주장이 심각하게 제한하고 있었던 것이다(라클라우Laclau 1977: 51-79 참조).

구조와 전략의 변증법?

헤게모니는 구조주의적 마르크스주의를 통해 개념적으로 정교해졌지만 현실 정치를 평가하는 도구로는 쉽게 활용되지 못했다. 그런데 1970년대와 1980년대에 사회민주주의 정부들이 경제적·정치적 위기를 해결하려고 하면서, 이념의 혁신과 동맹에 변화를 가져오는 역동성이 갈수록 현저해졌다. 풀란차스의 후기 사상에서 얻은 통찰력에서 비롯된 보다 유연한 연구 프로그램이 영국 마르크스주의 사회학자 밥 제솝Bob

Jessop(1990)에 의해 나왔다. 제솝의 설명에서 국가는 그 자체로 구조 차원과 전략 차원을 **모두** 결합한 정치 전략으로 간주된다.

제솝의 주장에 따르면, 자본주의 국가는 자본주의를 조직하기 위한 '전략 장소, 전략가, 전략의 산물'이다(1990: 260). 풀란차스가 주장했듯이, 제도적으로 법과 정치권력을 경제 권력에서 분리하는 것은 다양한 계급 분파들이 경제성장의 일반적 모델 ―즉 지배계급 분파의 이익에 대체로 부합하는 이른바 '축적 전략'이라고 제솝이 말한 것― 을 중심으로 결집하게 만든다(1990: 198-206). 축적 전략과 연결된 (하지만 이와 동일하지 않음) 것이 '헤게모니 프로젝트'인데, 제솝은 이를 보다 폭넓은 비경제적 측면에서 축적 전략을 수립하는 정치와 문화 동맹으로 이해한다. 즉, 그는 이 프로젝트를, 동맹을 단합시키고 경쟁자를 고립시키는 시민 프로그램으로 이해한다(1990: 207-15). 축적 전략과 헤게모니 프로젝트는 국가를 대상으로 할 뿐만 아니라 국가를 통해 정교해지는 '정치 전략'이다. 나아가 개입의 형태로, 공공기관의 운영을 관리하고, 조정하고, 정책 주도를 추구함으로써 공적 권한을 '경제적인 것'과 연결한다. 마지막으로, 성공적인 정치 전략은 어떤 역량과 사회세력에게는 특혜를 주고, 동시에 다른 역량과 사회세력은 약화시키는 방식으로 국가와 사회의 관계를 조정하여 국가를 실질적으로 변화시킨다. 따라서 국가는 '전략적으로 선택적'이며, 이전 전략의 선택 결과로 다른 선택지보다 특정 선택지를 더 잘 받아들이게 된다. 이후의 정치 전략에 대한 제약과 기회가 생기는 것도 바로 이 때문이다(1990: 260-2).

제솝의 '전략적-관계적' 접근방식에서 자본주의 국가는 "구조와 전략 간의 복잡한 변증법"의 장소locus이다(1990: 267). 경제적 이해관계에서 국가를 구조적으로 분리하는 일은 자본주의의 재생산을 가능하게 하지만, 결코 보장하지는 않는다. 구조주의 마르크스주의자들과 달리, 제솝은 '최종심급'의 경제결정론을 주장하지 않고 자본주의와 국가의 관계를 개념화하는 방식을 찾아냈다. 그는 매우 우연히 자본주의 국가가 전략적으로 수정과 반전이 일어날 수 있음을 특히 강조했다. 이런 점은 국가 전체가 헤게모니에 의존하게 하거나 그 영향력을 지배 계급만으로 국한하지 않고, 계급정치 전략이 조직화되는 방식의 역동적 요소로서 헤게모니의 중요성을 높여줬다. 축적 전략은 시간이 흐르면서 정치적 상황에 따라 다양한 헤게모니 프로젝트를 통해 나올 수 있다. 헤게모니 동맹과 이데올로기는 인구 전체에 걸쳐 어느 정도 광범위하게 형성될 수 있으며, 축적 전략이 정교해지면서 상황을 변화시킴에 따라 확대되거나 바뀔 수도 있다. 앞으로 살펴보겠지만 이런 미묘한 차이들은 제솝의 대처리즘 분석에서 중요한 역할을 했다.

대중문화, 이데올로기, 그리고 위기

헤게모니는 전후 사회의 '문화'에 대한 비판적 인식을 불러일으키는 데도 기여했다. 국가라는 개념과 마찬가지로, 문화적 실천은 전통적으로 마르크스주의자들에 의해 계급 투쟁과 무관하거나 계급의 이해관계와 직접적으로 겹치는 것으로 생각되었다. 하지만 전후 문화는 포드주의 노사 관계와 소비자본주의가 불러온 수많은 긴장과 갈등의 주요 진원지가 되었다. 한편으로, 국가는 '서구'적인 것과 일치하는 공통의 '국민 문화'를 지닌 통합된 공동체로서 점차 스스로를 정당화했다. 다른 한편으로, 대량문화와 상업적 여가 활동은 자주 전통적인 '엘리트' 문화와 이를 통해 유지되던 위계질서를 와해시켰다. 일부 신좌파 사상가들에게 헤게모니는 대중의 문화적 취향이 이동하는 범위와 이와 접합되는 보다 광범위한 이데올로기적 투쟁에 주목하게 했다.

 영국에서는 나중에 문화연구로 알려진 분과가 사회와 정치에 관련된 급진적 연구에 크게 기여했다. 초기 신좌파 지식인들은 노동자 교육, '대중'의 역사, 영국 노동운동의 민주적 존립에 기여한 것에 특히 관심을 가졌으며, 이러한 것들이 "아래로부터의" 사회주의 정치를 위한 바탕이라고 생각했다

(길버트Gilbert 2008: 11-14). 이들은 엘리트보다 노동하는 사람들이 종속을 경험하고 다루어지는 방식에 주목했다. E. P. 톰슨Thompson, 레이먼드 윌리엄스Raymond Williams, 스튜어트 홀Stuart Hall은 이 분야의 대표적 지식인들이다. 이들의 연구는 전통적인 엘리트 중심의 '고급' 문화가 아닌, 평범한 사람들의 집단적 유희, 즉 오페라나 고전 문학보다는 축구나 텔레비전과 같은 대중 오락에 대한 관심으로 이어졌다. 그 결과, 이론적 추상이나 엄밀한 이데올로기적 나열이 아닌, "아래부터의" 집단 투쟁에 대한 높은 관심에서 탄생한 "문화적 마르크스주의"라는 뚜렷한 흐름이 생겨났다(드워킨Dworkin, 1997).

윌리엄스과 홀은 사람들이 자신들의 경험을 이해하고 놀이나 여가에 어떻게 참여하는지, 그럼으로써 학교, 직장, 공공기관 등의 사회적 종속에 대한 경험을 어떻게 '협상하는지'에 대한 문제에 각기 다른 방식으로 대응했다. '십대'라는 대중 (의무적인 학교 출석으로 완전한 성인기가 늦춰진)의 등장, 완전 고용에 따른 여가 시간의 확대와 더불어 문해력 향상, 취향과 구별을 나타내는 복장 스타일, 가정용품, 음악과 기타 상징적 물건에 돈을 쓸 수 있는 능력 등, 이 모든 것이 1950년대 후반 '고급'과 '저급' 형태로 수용된 계급과 엘리트 기반의 취향 구분에 의문을 제기하기 시작했다. '문화'는 고급스러운 지적·예술적 활동만이 아니라, 노동하는 사람들이 가치 있는 것을 알아보고 즐길 수 있는 수단으로 점차 이해되었다. 이처럼 대중문화에 참여한다는 것은 사회적으로 지배적인 가치와 신념, 곧 헤게모니와의 조우였고, 심지어 저항의 의미를 수반했다.

윌리엄스는 "문화는 일상적이며", 따라서 "공통 문화는 경험의 압축을 통한 능동적인 논의와 개선"으로 끊임없이 진화하는 것이지, 위에서 만들어져 내려오는 것이 아니라고 공언했다(윌리엄스Williams, 2001: 11). 이후 윌리엄스는 계속되고 있는 '공통적인 것'에 대한 논쟁을 지칭하면서, 헤게모니는 결코 평범한 사람들을 속이고 한 계급이 배타적으로 소유하는 동질적인 '지배 이데올로기'가 아니라, '우리의 감각과 에너지의 할당, 세상과 스스로에 대해 우리가 형성하는 인식 등 삶 전반에 걸쳐 일상적으로 행하고 요구하는 모든 신체'라고 주장했다. 문화는 어느 한 사회집단과 무관하게, 지배와 종속, 즉 "지배적 가치 및 의미"와 "사회적 삶의 과정" 사이에 변화하는 경계를 나타냈다(윌리엄스William 1977: 109). 따라서 문화적 헤게모니는 견고한 구조를 굳게 접합시키는 것이 아니라 공통의 상징과 가치로 알려진 것을 공유하고, 선택하고, 승인하고, 거부하는 역동적이고 지속적인 과정이었다. 이런 개념은 불공평한 억압적 상황임에도 노동하는 사람들이 주관적인 자신들의 종속 경험을 적극적으로 협상한다는 사실을 보여주었다(윌리엄스Williams, 1977). 사회적 지배는 단순히 조직화된 운동과 정당, 엘리트의 객관적인 정치적 전략에 있는 것이 아니라, 윌리엄스가 말한 "감정의 구조structure of feeling"를 통해 경험되었다(1961: 64).

문화적 헤게모니에 대한 마르크스주의 접근방식을 선도적으로 주창한 사람은 영국 문화연구에 영향을 끼친 주요 인물이자, 신좌파 초기 창시자 가운데 한 사람인 자메이카 출신의 스튜어트 홀이었다(홀Hall 1988 참조). 윌리엄스가 문화를 진화하는 전체로 보고 '표현주의' 접근법을 사용한 것과는 달리, 홀은 특히 1968년 5월 학생 폭동이 좌파에게 실질적인 정치적 이득을 가져다주지 못한 이후 서서히 진행된 영국의 문화적 위기감과 전후 문화적 경험의 균열에 집중했다(길버트 Gilbert 2008: 24-7). 그는 새로 전개된 대륙의 사상을 선뜻 받아들이고, 이를 현대 도시문화 경험에 적용하고자 했다. 1970년대에는 그가 버밍엄 대학의 현대문화연구센터CCCS를 주도하면서 새로운 민족지학적, 기호학적 연구 방법들을 활용하여 청년 하위문화, 잡지 읽기, 축구 훌리건, 미디어 분석, 텔레비전 시청 등 노동계급 문화를 탐구하는 다양한 혁신적 프로젝트를 지휘하기도 했다(홀과 제퍼슨Hall and Jefferson 1975; CCCS 1977). 이런 프로젝트들은 특히 국가의 '쇠퇴'에 대한 상당한 우려의 지표로서 인종과 이민, 그리고 청년과 법질서에 갈수록 집착하는 즉각적인 이데올로기적·정치적 맥락에 주목했다.

홀과 그의 동료들은 알튀세르, 풀란차스, 특히 그람시의 통찰을 활용하여 점진적으로 변화하고 있는 위기 '서사'에 대한 독특한 문화적 징후를 탐구했다. 이를테면, 《위기 관리 Policing the Crisis》(홀과 동료Hall et al. 1978)와 같은 책에서는 강도에 연루된 젊은 흑인 남자에 관한 미디어의 히스테리적 집중 보도를 영국의 "중차대한 위기conjunctural crisis" 사례로 검토했다. 또 이들은 국민 문화의 완전함에 대한 '도덕적 공황', 범죄, 그리고 인종, 즉 극우 인종주의 정치가 영국에서 부상하면서 에녹 파월Enoch Powell 의원 같은 주류 정치인들이 이를 이용하려는 시도로 뚜렷해졌다는 점에서 지배계급의 헤게모니 쇠퇴가 이데올로기적으로 드러났다고 주장했다. 따라서 대중의 불안은 전후 사회적 합의를 이루었던 것에 균열을 나타내는 복잡한 조정 형태로 해석되었다. 다시 말해 헤게모니는 여기서 전후 수년간 다양한 계급과 집단들로 하여금 타협하게 했던 가족과 사회질서, 그리고 개인적 성공에 관련된 대중의 신념, 가치, 규범이라는 다소 안정적인 지평으로 이해되었다. 홀과 그의 동료들은 이런 합의 ―그리고 그 위기의 역학관계― 가 표면적 차원, 즉 이데올로기적으로 어떻게 만들어지고 유포되었는지에 초점을 맞추었다.

홀 자신은 이데올로기를 계급과 비계급 (또는 '대중적') 요소들로 이루어진 영역으로 독특하고 복합적으로 해석해 나갔다. 그람시가 독특하게 이해한 바와 같이, 이데올로기는 광범위하고 유연한 다툼의 영역이었다. 여기서 사상과 신념의 '계급 관련성'(예를 들면, 범죄 또는 청년에 관련된 것)은 이면에서 작동하는 익명의 구조를 통해서가 아닌, 더 넓은 은유적 의미를 부여하는 상징적 개입을 통해 성립된다(홀과 그의 동료들Hall et al. 1977; 홀Hall 1986). 따라서 경제적·정치적 거버넌스의 위기는 국민의 완전함과 관련하여 도덕적 위기로 나타나고 경험되기도 했다. 앞으로 살펴보겠지만, 사실 포퓰리즘 -계급이 아니라 국민의 이미지에 호소- 은 1970년대 말 정치적 상황의 역학 관계를 이해하고자 하는 마르크스주의자들에게 판단의 공통 기준점이었다(라클라우Laclau 1977: 143-98).

홀이 헤게모니에 접근하는 방식은 이 개념의 문화적 차원과 구조적 차원을 동시에 들여다보는 것이었다. 그는 헤게모니 질서를 복잡한 삶의 경험 영역으로 보는 관점과, 대중의 경험과 접합되는 이데올로기와 제도화된 계급의 이해관계에 대한 인식을 결합시켰다. 하지만 홀은 동시에 국가를 이념적인 정치 세력들의 불안정한 균형으로 이해했으며, 그 합의 기반은 늘 만들어지는 과정에 있고 갈수록 위기에 처했다. 그에게 헤게모니 탐구는 끊임없이 변화하는 대상, 즉 구조화된 이해관계의 변함없는 구성물이 아닌, 공통 문화에 대한 질문으로 삶 속에 불쑥 끼어드는 행위와 감정, 논쟁적인 생생한 진술들의 흐름을 추적하는 것이었다.

동의의 재구축, 대처리즘에서 포퓰리즘으로

지금까지 헤게모니에 대한 마르크스주의적 접근방식을 두 분파의 관점으로 살펴봤다. 물론 이것은 단순화된 그림이다. 또 헤게모니에 대한 마르크스주의적 분석이 중첩되고 서로 다른 관점에 응답하면서 당면한 시대적 상황에 대응하며 발전했다는 점에서 실제와 달리 과장된 측면이 있다는 사실에 주의해야 한다. 두 분파는 전후 자본주의 안에서 정치와 이데올로기의 복잡성을 반영하고 '국면'의 특별한 상황에 주목하고자 했다. 그럼에도 두 분파의 서로 다른 관심사는 그 차이에서 포착된다. 구조주의는 헤게모니를 제도적 장치와 계급 경제세력에서 분리할 수 없는 것이라고 여겼다. 반면, 문화주의는 헤게모니를 지속적인 이데올로기 다툼으로 간주했다. 그럼에도 이들의 연구를 종합해 보면, 두 분파는 사회와 경제가 변화하는 시기에 국가와 국민 문화가 사회적 동의 기반을 재구축하기 위한 전략적 부문을 어떻게 형성하는지 분석하는 데 풍부한 이론적 통찰을 제공한다.

이와 관련하여 가장 교훈적인 사례 하나는 영국의 마거릿 대처가 1979년부터 1990년대 말까지 처음으로 주도한 정부 프로그램과 정치사상이었던 '대처리즘' 현상이다. 대처는 전후 사회민주주의의 합의와 단절을 추진하면서 복지 부양자와 경제 개입자로서의 국가 개념에 반대하는 급진적 입장을 취했다. 대처는 1970년대 경기침체와 정부 위기에 대응하여 그녀가 속한 정당의 프로그램을 바꿔, 전후 합의에 대해 맹렬히 공격하고 산업 침체와 사회 혼란의 병폐를 포괄적인 '사회주의' 탓으로 돌렸다. 대신 그녀는 자유 시장, 강력한 작은 정부, 개인의 책임과 '가족 가치'에 기반한 사회를 주장했다. 대처 정부는 미국의 로널드 레이건 행정부와 보조를 맞추어 국가와 사회의 관계를 전면적으로 개편하고자 했다. 그녀의 정책은 제도적이고 이데올로기적인 프로젝트였으며, 자유시장 경제와 강력한 정부를 결합하는 새로운 **해결**을 목표로 했다(갬블Gamble 1994). 규제 완화, 민영화, 그리고 시장이 성패를 결정하도록 허용하는 등 국가의 공적 기능을 재편하고 비판자와 반대자, 그리고 사회 질서에서 감지되는 많은 위협에 대한 냉혹한 적대로 정치를 양극화시켰던 일이 그에 해당한다. 이런 정책은 분열을 초래하는 것이 명백함에도 (사실은 그 덕분에) 놀라운 인기를 얻으며 보수당이 기록적인 네 차례 연속 집권에 성공하게 된다.

대처리즘은 어떤 의미에서 **헤게모니** 프로젝트였을까? 모든 마르크스주의자들이 이런 묘사에 한목소리로 찬성한 것은 아니었다. 어떤 사람들에게는 대처리즘이 단지 계급 정치를 강화한 형태일 뿐이었다. 즉 반사회주의 우파 정부가 노동계급을 공격한 것에 불과했다(밀리밴드와 그 동료들Miliband et al, 1987 참조). 이와 달리 홀과 제솝 같은 그람시주의자들에게는 대처리즘이 사회를 특정 방향으로 이끄는 전략이었다. '대처리즘'이라는 용어는 잡지 〈맑시즘 투데이Marxism Today〉 편집자였던 홀과 마틴 자크Martin Jacques가 새로운 합의를 형성함으로써 국가에 새로운 방향을 부여하려는 노력을 나타내기 위해 만들어낸 것이었다(홀과 자크Hall and Jacques 1983). 홀은 대처리즘을 무엇보다도 대중의 '상식'을 바꾸기 위한 이데올로기 프로젝트로 해석했다. 반면, 제솝은 대처리즘을 주로 새로운 축적 프로젝트를 실현하기 위한 국가 전략으로 이해했다.

홀의 대처리즘 해석은 영국 사회의 위기와 미디어, 대중문화에 대한 그의 초기 분석에 기반을 두고 있다(홀Hall 1988). 대처리즘은 전적으로 경제 또는 사회 정책만이 아닌, 전후 사회

민주주의의 정책, 관습, 사상에 도전하는 세계관으로 정의되었다. 이는 근면, 개인의 책임, 가족 우선주의가 사회질서의 기초라는 상식적인 가치관에 호소하는 방식에서 명백하게 드러났다.

> 대처리즘은 경제 독트린을 경험, 도덕적 의무, 상식의 언어로 바꾸는 강력한 수단을 발견하여 더 넓은 의미의 '철학', 즉 '돌봄 사회'에 대한 대안적 **윤리**를 제시했다. 이론적 **이데올로기**를 포퓰리즘 **언어** idiom로 바꾼 것은 주요 정치적 성과였다. 또 딱딱한 경제학을 강박적 **도덕주의**의 언어로 전환한 것은 여러 면에서 이 변화의 핵심이었다.(홀Hall 1988: 47; 고딕체 원문 강조)

대처는 이런 가치들을 관료주의로 인한 국가의 비효율성과 국유화된 기업의 인센티브 제도의 폐지 경향, 노조의 '이기주의'와 대조시키면서, 풀란차스의 통찰을 응용하여 홀이 "권위주의적 포퓰리즘"(홀Hall 1988: 123-49)이라고 묘사한 사상에 대한 도발적인 '레퍼토리repertoire'를 내놓았다. 이는 유권자만이 아닌, 사회 전체를 단호하게 과거와의 단절로 결집하기 위한 혁신적인 이데올로기적 프로젝트였다. 레퍼토리는 사회민주주의에 대한 환멸(노사 관계, 교육, 도시 범죄)을 느낀 대중의 경험을 받아들이고, 이를 확고한 지도력으로 긴급하게 복구를

요하는 강력한 사회적 분열 서사와 연결함으로써 작동했다. 홀은 당시 대처리즘에 대한 좌파 진영 -노동당으로 대표되는 '노동자'층과 극좌파 비평가들- 의 대응이 전적으로 부적절했다고 주장했다. 그들은 대처리즘을 정상이 아닌 것으로 취급하거나 단순히 계급 전쟁의 또 다른 형태로 치부하면서 대처리즘의 참신함, 인기, 그리고 전략적 야망의 범위를 파악하지 못했다. 헤게모니 프로젝트로서 대처리즘은 새로운 문화적 합의를 구축하는 것(홀과 자크Hall and Jacques 1983)을 목표로 했던, '근본적으로 새로운 정치 형태'(1988: 83)였다.

홀은 대처리즘의 초기 단계 특징을 권위주의적 프로젝트로 묘사했다. 특히 그가 주목한 것은 모든 것을 반동적이고 범죄화하면서 종종 인종차별적 저의까지 문구에 담고 있는, '법과 질서'에 대한 대처리즘의 호소였다. 1980년대 초 대처 정부는 법과 강압적 조치로 노조(예컨대 1984-1985년에 패배시킨 광부들)와 대립했고, 도시 소요와 국제적 갈등(가령 포클랜드 전쟁)에 물리력을 동원하여 대처했다. 그리고 역사적으로 높은 실업률에 대해서는 냉담하게 무시했다. 그런데 홀은 1980년대 중반에 권위주의적 측면이 약화되고, 기업중심사회라는 보다 긍정적이고 대중적인 비전이 부상했음을 발견했다. 이는 설령 완전한 헤게모니 장악이 아니었더라도, 헤게모니에 대한 대처리즘의 열망은 이들이 여전히 "영국 정치계에서 주도 세력"으로 남아 있었음을 의미했다(1988: 91). 대처 정부의 성공은 홀이 "국민의 두려움과 불안, 상실된 정체성을 대처리즘이 다루는" 언어 또는 사회적 상상력을 강조하게 했다(1988: 167). '집단적인 환상'을 통해 작동하고, 대중의 실제 경험에 반응하여 종종 모순된 열망(가령 '가족 가치'라는 보수적인 덕목과 함께 훨씬 더 많은 개인적 자유 등)을 향해 나아가는 능력은 대처리즘의 매력적인 요소였다.

이와 달리 제솝과 그의 공저자들의 대처리즘 해석은 헤게모니의 경제적·제도적 차원을 강조했다(제솝과 그의 동료들Jessop et al. 1984, 1988 참조). 이데올로기는 확실히 중요했기 때문에, 제솝과 그의 동료들은 홀의 기여를 인정했다. 하지만 동시에 이들은 홀을 '이데올로기주의ideologism', 즉 대처리즘에 있는 이데올로기의 중요성을 과대평가하고 그 모호성을 흐렸다고 비판했다. 나아가 대처리즘의 권위주의가 '예외적인지' 아니면 정치의 영구적인 특징인지에 대해서도 혼란을 유발한다고 의혹을 제기했다. 그들이 보기에, 홀은 헤게모니를 담론적 측면에서만 고려하고 '대처리즘을 구조적으로 뒷받침하는 것'에 대해서는 충분한 주의를 기울이지 않았다. 또 홀의 해석은 "정치적·경제적 조직을 무시하고 대중매체와 이데올로기 생산에만 과도하게 관련"(1984: 37)지었다. 그 결과 홀은 대처리즘에 '과장된 통합적 이미지'를 부여함으로써 그 지지 기반과 지지자들에게 호소하는 다양한 방식과 동맹의 '내부 균열'을 제대로 식별하지 못했다.

제솝과 그의 공저자들은 해석에서 대처 정부와 그 이전 정부의 상대적인 연속성을 강조했다. '사회민주주의의' 합의는 모순 없는 일관된 해결책이 아니었으며, 대처리즘은 이를 완전히 파기하지도, 그 자리를 대신할 새로운 합의도 수립하지 못했다. 사실, 대처 정부는 이데올로기적 해석이 시사하는 것보다 더 많이 실용적인 것을 추구했다. 또 상황의 변화에 따라 적응하면서, 필요할 경우 방향을 바꾸고, 의도한 만큼이나 운에도 의존했다. 대처리즘은 단순히 그 자체로 이데올로기적 서사에 대응한 것뿐만 아니라, 전후 국가의 자본주의 관리와 그 프로그램에 대한 민주적 타당성을 확보하는 능력에 대한 중차대한 위기 국면에도 대응했다. 대처리즘의 권위주의 측면은 사회를 경제의 생산 부문과 '기생' 부문으로 나누었던 광범위한 '두 국민two-nations' 전략보다는 본질적이지 않은 특징이었다. 대처리즘은 국가 개혁을 목표로 삼았지만 새로운 '권력 블록'을 만들지는 않았다. 또 금융자본과 산업자본에 의존했으나 어느 한쪽으로부터 전폭적인 지지를 받지 못했으며, 대중의 저항과 함께 그 전략에 대한 긴장도 계속 남아 있었다. 따라서 제솝과 그의 공저자들은 국가를 재조직화하기 위한 프로젝트로 "영국 보수당의 헤게모니Tory hegemony는 결코 공고화되지 않았다"(1984: 53)라고 결론지었다.

홀과 제솝, 그리고 제솝의 공저자들은 분명 공통점이 있었지만 서로 다른 문제를 헤게모니 개념을 통해 제기했다. 홀은 그 자신을 변호하는 말에서 강조했듯이 대처리즘에서 작동하는 이데올로기적 '스토리'에 관해 주로 의문을 가졌다(1988: 150-60). 제솝은 대처리즘이 대응했던 진화하는 경제적·제도적 조건과 그 개혁 방향에 대해 질문했다. 이런 관심사 탓에 두 사람의 분석에는 서로 다른, 시간 척도와 우선순위에 대한 좌파 진영의 대립적 견해가 나타났다. 즉, 홀은 새로운 문화적 서사를 강조한 반면, 제솝은 정치경제에 대한 마르크스주의 분석을 중시했다. 결국 이들의 주장은 일부에게는 유감스러운 일일 수 있겠지만(예컨대 해리스Harris 1992 참조), 대중 소비와 문화 정체성의 구성 방식을 탐구하는 문화연구와 '신자유주의적' 자본주의로 부상한 경제와 정치 구조를 분석하는 마르크스주의 국가이론이라는 뚜렷이 다른 연구 분야가 되었다(브레너와 테오도르Brenner and Theodore 2002; 브레너Brenner 2004). 하지만 이들의 다른 시각은 대안적이라기보다는 상호보완적이라고 이해하는 것이 더 좋을 것이다. 이후의 정치분석가들은 헤게모니 경쟁을 국민적 동의의 사회적 기반을 재구축하고 관리하기 위한 담론적·경제적·제도적 전략의 혼합으로 간주함으로써 두 관점을 결합하는 경우가 많았다(갬블Gamble

1994; 헤이Hay 1996; 토르핑Torfing 1998).

대처리즘에 대한 분석을 넘어, 헤게모니에 대한 일반적인 접근방식은 사회와 경제적 변화를 겪고 있는 수많은 국가의 문화와 정치의 역학 관계를 이해하는 데도 유익한 것으로 밝혀졌다(데이비스Davies 1999; 살렘Salem 2020 참조). 어느 순간에 사회 세력들이 연합하고 상식적인 생각과 대중의 신념, 나아가 통치 기술과 도구가 모두 위기에 처하면 새로운 조건에 적응해야 한다. 헤게모니 분석은 -고립된 하나의 층위가 아니라- 다양한 층위들을 전반적으로 **통합**하는 것이 어떻게 정치 전략의 대상이 되는지를 탐구한다. 이는 새로운 상황을 설명하기 위해 한때 확립된 신념들이 공개적으로 논쟁의 대상이 되거나 재창조되는 것에서도 볼 수 있다. 또 지지를 얻기 위해 문화적 모티브motifs와 미디어 테크놀로지가 동원되는 것에서, 온갖 불만을 품은 사람들로부터 제도적 장치와 엘리트가 비판받는 것에서, 소외된 대중의 요구를 대변하는 사람이라고 주장하며 새로운 집단이나 인물이 공적 영역에 등장하는 것에서도 볼 수 있다.

이런 개입은 현대사회의 포퓰리즘 정치에서 특히 두드러진다. 홀과 에르네스토 라클라우Ernesto Laclau(1977)가 일찍이 그 영향을 인정했던 포퓰리즘은 엘리트 통치의 기존 형태를 무너뜨리고, 불만을 품은 집단과 계층을 각각의 지도자 뒤에 동원하기 위해 '국민'과 대중의 감정에 탄력적으로 강력하게 호소하는 것을 수반한다. 포퓰리즘 전략은 취약하고 부패한 기관들이 제대로 대중의 이익을 대변하지 못하는 라틴아메리카 국가와 관련 있는 경우가 많다. 1940년대 후안 페론Juan Perón 치하의 아르헨티나와, 더 최근에는 우고 차베스 Hugo Chávez 치하의 베네수엘라가 대표적이다. 포퓰리즘은 농촌과 도시 근로자, 원주민 운동, 지식인들로부터 계층을 초월한 대중적 지지를 동원함으로써 오랫동안 제도 변화를 추진하는 효과적인 수단이었다. 국가 내에서는 자율적으로 살아가는 세력으로 구상된 국민이라는 '신화'(로우와 셸링Rowe and Schelling 1991: 151-92)를 배치하여, 다양한 불만을 선택적으로 응축하고 국가의 '적들'에 대한 전면적인 반대로 이끌기도 한다(드라 토레de la Torre 2018). 포퓰리스트는 '좌파'와 '우파' 사이에 확립된 구분을 모호하게 하여 '정상적인' 정치와의 관련성을 회피하고, 위기를 악용하여 정치적 질서 또는 정권 자체를 목표로 삼음으로써(모핏Moffitt 2015), 경제와 국가를 재편할 수 있는 헤게모니를 장악할 잠재적 기회를 얻는다.

현대의 포퓰리즘은 특히 2008년 금융 위기 이후 북반구의 선진 자본주의 민주국가에서 다양한 우익 전략을 설명하는 데 활용된 경우가 많다. 엘리트 계층의 합의에 이의를 제기하고, 특히 이민, 글로벌 자유시장, 국민'주권'의 상실감에 집착하는 것이, 그에 해당한다(모핏 2020). 우익들은 대처리즘이 광범위한 호소력이 없었음에도 불구하고, 당시 정부가 수용한 역할 및 기능과의 단절을 유사하게 추구한다.

이런 대중 동원과 관련 있는 대표적인 사례로는 2017년부터 2021년까지 집권한 미국의 트럼프* 행정부였다. '리얼리티 TV쇼'로 유명세를 얻은 백만장자 사업가인 도널드 트럼프는 정치 엘리트에 대한 여러 불만을 쏟아내고, 자유 무역과 미국의 글로벌 지도력에 관한 '자유주의적' 합의가 모두 '평범한' 미국인들에게 피해를 준다고 생각했다. 그는 특별한 이해관계 집단의 '적폐 청산'을 약속하면서 열정적인 지지자들과 함께 정기적으로 집회를 열고, 워싱턴의 '기득권 정치세력'과는 무관한 깨끗한 지도자로서의 위상을 재확인하기까지 했다. 또 미국 내부의 적(가령, 이민자들)과 외부의 적(가령, 중국)을 계속해서 표적으로 삼는 저속한 독재정치 스타일을 통해 강력하게 통치하려 했다. 이런 전략을 통해 트럼프는 계급을 초월하여 상당한 지지를 얻었고, 특히 폭스 뉴스와 개인 트위터를 통해 미디어의 지속적인 주목을 받으며 유권자의 경제적 불안감을 직접적으로 해결한다는 강력한 이미지를 만들었다.

---

* 트럼프는 2024년 11월에 다시 미국 대통령으로 당선되어 2025년 1월부터 2기 임기가 시작되었음.

하지만 이것이 헤게모니였을까? 논란의 여지가 있긴 하지만, 트럼프는 전후 미국 정치를 공식적으로 정의한 국제적 지도력에서 점진적으로 물러나는 것을 서둘렀을 뿐이다(스토크스 Stokes 2018 참조). 돌발적이고 파괴적인 그의 외교 정책과 세금 감면, 대법관 임명에 따른 후속 처리와 그가 정당성을 부여한 우파와 백인우월주의 지지자들의 격렬한 반발이 초래되는 후폭풍을 이후 행정부가 감수해야 하는 것은 거의 확실하다. 이 외에도 트럼프 행정부는 안정적인 합의를 이끌어내기 보다는 오히려 혼란스럽고 분열을 초래하는 정치 스타일로 악명이 높다. 트럼프는 정치를 심각하게 양극화시키고 공화당을 개인 지도력을 위한 도구로 탈바꿈시킨 것은 성공했지만, 지금까지 그는 대중의 상식을 다시 만들거나 미국 경제구조를 근본적으로 바꿀 자원도, 전략적 기질도 갖추지 못했다.

이는 헤게모니를 제도화하여 다른 정부가 새로운 합의를 지지하고, 그 변수 안에서 일하게 만드는 일이 어렵다는 것을 뚜렷하게 보여주는 사례이다. 반면, 홀과 제솝은 대처리즘이 영국 정치의 문화적·제도적 전경을 궁극적으로 재정의했던 것으로 보았다(제솝Jessop 2015). 그 결과 이후 토니 블레어의 노동당 정부는 대처가 물려준 제도적 환경과 자유시장 이데올로기에 근본적으로 종속된 것으로 간주되었다(홀Hall 1998; 제솝Jessop 2007).

결론

헤게모니 개념은 전후 마르크스주의자와 좌파 급진주의자들에게 강압보다는 합의가 규범으로 광범위하게 자리잡은 선진 자본주의 국가의 정치와 이데올로기를 분석하는 방법을 제공했다. 정치와 문화 현상은 그 자체로 역동성을 지닌 사회 지도력의 복잡한 매개 요소로서, 단순히 '경제적 하부구조'에서 계급의 이해관계를 전달하는 '상부구조'가 아니라고 해석되었다. 그람시의 헤게모니 개념은 인종, 계급, 젠더와 같은 주제를 중심으로 국가와 국민 문화의 불안정한 변화와 재조정을 탐구하는 데 유용한 자원으로 발전했다(프르지빌로비츠Przybylowicz 1990; 길로이Gilroy 1992; 아츠와 머피Artz and Murphy 2000; 코넬과 메서슈미트Connell and Messerschmidt 2005 참조). 헤게모니는 단순히 전술적 동맹을 나타내는 것을 넘어 사회에 일정 수준의 응집력과 안정성을 부여하는 역동적 요소로 해석되었다. 그렇지만 지금까지 살펴봤듯이, 마르크스주의자들 사이에서는 헤게모니를 장악하는 지도력의 어떤 차원이 결정적인지에 대한 강조점에 상당한 차이가 존재했다.

  헤게모니와 국가에 대한 -수면 아래- 논의는 정치와 이데올로기의 역동성에 초점을 맞춘 것 뿐만 아니라, 급진 정치에 대한 지적·이데올로기적 토대로서 마르크스주의의 위상에 대한 우려를 커지게 했다. '구체적 상황'과 우연적인 '세력 관계'에 대한 헤게모니 개념의 주목은 사회가 결정주의적 경제 논리에 의해 지배되는, 통합된 '전체성 totality'이라는 마르크스주의의 기계적인 가정에 의문을 불러일으켰다. 동시에 정치 투쟁의 주요 행위자로서 계급에 주어진 특권 역시 약화시켰다. 헤게모니와 국가에 대한 분석은 마르크스주의라는 틀을 완전히 버리지 않고도, 실제 자본주의 사회가 전통적 마르크스주의의 기대에서 어떻게 자주 벗어났는지를 분명히 보여 줬다. 다음 장에서는 이런 중요한 내용들이 어떻게 '포스트-마르크스주의' 헤게모니 개념의 재창조에 기초가 됐는지 살펴보겠다.

4장

포스트-마르크스주의, 헤게모니와 급진 민주주의

급진 민주주의는 특정 행위자의 지도력을 특권화하지 않고 복수의 다양한 민주적 투쟁을 통합하는 것을 목표로 하는 좌파적 전략 개념이다. 20세기 말, 냉전이 종식되고 '사실상 기존의 사회주의'가 이데올로기적으로 재부상하며 글로벌화되고 있었던 자본주의로 힘을 잃고 붕괴됨에 따라, 헤게모니 개념이 이러한 급진 민주주의 개념을 통해 근본적으로 재구성되었다.

급진 민주주의를 지지하는 사람들은 사회주의와 마르크스주의 전통의 반자본주의적인 비판, 그리고 사회운동 연대를 지키고자 사회계급들을 특권화했던 '본질주의적'이고 보편주의적인 원칙들을 폐기하고, 공개적으로 '포스트-마르크스주의자'(단절과 연속성 모두를 의미)임을 자처했다. 단순히 지배계급의 이데올로기적 힘을 가리키던 헤게모니는 이를 넘어 사회 정체성이 어떻게 정치적 대의에 우연히 동원되는지 설명하는 정교하고 미묘한 범주로 탈바꿈했다. 포스트-마르크스주의 헤게모니의 재창조는 여러 유형의 담론과 정체성을 아우르는 헤게모니 다툼을 분석하는 연구 프로그램도 가능하게 했다. 동시에 이 개념은 민주주의를 -단순히 대체하는 것이 아니라- 급진적으로 확장하기 위해 자유주의적 개인주의에 도전하는 광범위한 정치적 프로젝트를 뒷받침하기도 했다.

    헤게모니는 포스트-마르크스주의 접근방식 덕분에 사회주의의 뼈아픈 패배에도 살아남아, 21세기에 들어와서도 현대 정치이론의 주요 개념이 되었다. 또 중요한 이론적 도구로서 사회학자와 정치학자들에게 재차 활용되고 있는 개념이다. 그 결과, 헤게모니 개념은 오늘날 비판적 사고의 지배적인 패러다임에 없어서는 안 될 중요한 요소로 남아 있다.

파편화된 정치

포스트-마르크스주의는 어떤 지적·정치적 상황으로 등장하게 되었을까? 서구의 마르크스주의자들은 자신들의 헤게모니 분석이 광범위한 사회주의 동맹을 준비하는 데 기여하고, 다른 여러 해방적 요구에 핵심이 되는 요소로서 노동계급의 이익을 증진한다고 생각했다. 하지만 실망스럽게도 레이건 행정부와 대처 정부의 성공으로 대중을 주도하는 데는 좌파가 아닌, 우파가 더 능숙하다는 사실이 명확히 드러났다. 1968년 이후 증가한 다양한 사회운동과 민주주의 투쟁이 '노동주의적'이든, 혁명적 사회주의 운동이든, 계급 정치의 뒤를 이어 나간 것은 **아니었던** 셈이다.

따라서 1960년대와 1970년대에 문화적 우위를 점했던 좌파는 결국 정치적으로 분열되어 1980년대 중반 미국과 영국의 선거에서 참패했다. 앞서 언급했듯이 신우파New Right가 주도권을 장악했는데, 이런 사실은 사회민주주의적 복지국가 운영이 더 이상 자동적이거나 광범위한 대중의 동의를 얻지 못한다는 것을 보여준다. 서유럽 사회주의자들에게 소비에트연방은 -결함이 있긴 하지만- 반자본주의의 등대라는 지위를 상실한 것은 오래전부터였다. 또 새로운 유형의 급진 정치가 전면적인 혁명이 아닌 '제2물결' 페미니즘, 반인종주의, 레즈비언과 게이 정치, 생태주의와 같은 자율성과 인정 획득을 위한 개별 투쟁을 중심으로 충분히 발달해 있었다. 대부분 처음에는 상호 연대, 집단주의, 평등의 보편적 표지로서 사회주의에 경도되었지만, 계급 정치에는 그다지 관심을 두지 않았다. 우파의 성공은 집단주의보다는 활기찬 개인주의가 매우 인기가 있을 수 있음을 보여주었다. 그리고 이런 우파의 성공은 1989년 베를린 장벽의 붕괴와 2년 뒤 소비에트 연방의 해체로 더욱 힘을 얻게 되었고, 이런 상황이 냉전의 종식을 가져왔다.

좌파 정치의 목적과 형태가 의심스러웠다면 객관적으로 근거 있는 권력 비판에 대한 좌파의 확신도 마찬가지로 그랬을 것이다. 비판적 사상을 통합한 원천이자 보편적 인간의 해방 모델로서의 마르크스주의가 위기에 처했다. 철학자 장 프랑수아 리오타르Jean-Francois Lyotard가 자신의 논문 〈포스트모던의 조건〉에서 주장했듯이, "거대 서사grand narrative"라는 통합적인 역사 개념 자체가 빠르게 그 힘을 잃어가고 있었다(리오타르Lyotard 1984). 실제로 '과학적' 명제의 객관성과 정확성을 담보하는 탐구 방식으로 알려진, 계몽주의 이성이라는 사상 자체가 점점 더 의문시되었다. 이런 기반 위에서 권력을 비판하는 것은, 특히 소비에트 연방 사회주의의 권위주의와

'자유로운' 서구사회에서 계속되는 착취와 지배 형태에 비추어 볼 때 의심을 받을 수 있었다.

이런 의심은 대부분 이성에 대한 근대사회의 믿음이 어떻게 폭력적인 폐쇄성과 지배 공모를 은폐했는지에 주목했던 혁신적인 프랑스 사상가들의 통찰력에 의해 증폭되었다. 미셸 푸코Michel Foucault, 자크 라캉Jacques Lacan, 자크 데리다Jacques Derrida가 대표적이다. 이들의 사상은 모두 헤게모니 개념을 급진 민주주의의 프로젝트로 재구성하는 데에 어떤 식으로든 기여했기 때문에 간략하게나마 언급할 가치가 있다.

푸코는 역사적·이론적 분석에서 질서를 세우기 위해 '포획'하고 '명령'하는 것이 권력이라고 보는 전통 방식을 거부했다. 그의 주장에 따르면, 이런 개념은 합법적인 중앙집권적 권위라는 개념에 특권을 부여하는 주권 논쟁에서 비롯되었다(푸코Foucault 1980: 122). 그 결과 자유주의자와 마르크스주의자 모두 다른 사람을 통제하는 통합된 원천으로서 권력을 이해했고, '자유'는 그런 구속에서 벗어나는 것을 의미했다. 하지만 푸코에게 권력은 (무기처럼) 단지 억압기능만 있는 동질적인 도구적 힘이 아니라, (언어처럼) 행동을 조직하고 유발하기 위해 '전략적으로' 작동하는 "다중적이고 유동적인 세력 관계의 장"(푸코Faucault 1978: 102)이었다. 권력은 자유를 제한하는 것이 아니라 지식 형태 -분류체계나 신체 통제 및 자기 행동 기술법 등- 를 통해 주체를 긍정적으로 **생산했다**. 광기, 범죄, 성, 인구 관리에 대한 지식이 그에 해당하는데, 이러한 지식은 세상을 명명하고 질서를 부여하여 '진실'에 대한 진술을 받아들이게 만든다(푸코Foucault 1977). 권력을 제대로 이해하기 위해서는 성문화하여 국가나 경제와 같은 조직을 구현시킨 '권력-지식' 체계의 '담론' 형성 과정을 '계보학적으로' 추적할 필요가 있었다. 여기에는 누가 봐도 알 수 있는 제도적 권위와 결합된, 예를 들면 의료나 교육 등의 이면에 보다 복잡한 사고와 행동의 '규율', 네트워크, 회로, 즉 설명이나 정보지배력을 통해 구성된 담론적 '합리성'이 존재했고, 동시에 이것들이 제도와 '정상화된' 유형의 주체성을 구성했다.

마찬가지로, 1950년대 이후 라캉은 정신분석학 세미나와 글을 통해서 자신과 자신의 세계(라캉Lacan 2006년 참조)를 완전히 알 수 있는 안정적이고 합리적인 주체라는 개념 자체에 이의를 제기했다. 프로이트의 통찰을 급진적으로 발전시킨 라캉은 주체를 무의식으로부터 본질적으로 분리된 존재, 즉 이른바 '결핍'된 존재로 보았다. 라캉의 주체는 안정적이고 독립적인 '자아'에 기반한 완전한 정체성을 소유하기보다는, 욕망을 추구하는 무의식적인 힘으로부터 소외되어 있다. 따라서 자신의 욕망을 충족시키고 자아를 회복시켜줄 것 같은 이미지와 상징으로 끊임없이 정체성을 확인한다(라캉Lacan 2013). 하지만 '상상적'이고 '상징적'인 동일시는 절대 결핍을 극복할 수 없다. 대신, 금지 대상이나 획득할 수 없는 대상으로 재구성하여 주체의 욕망을 달성할 수 없는 충만함에 집중하게 만들고, 또 이것이 충족되어 완전한 상태를 회복**할 수 있는** 것으로 '오인'하도록 부추긴다. 그러나 이런 '환상'은 계속해서 실패하기 쉽고 개인들을 정신적으로 불안하게 함으로써 더욱 환상 속으로 후퇴하게 만든다. 따라서 라캉은 유토피아적 해방을 이루기 위한 혁명적 주장에 매우 회의적이었다. 또 집단적 만족을 향한 원대한 야망이 더 심각한 지배를 유발할 가능성이 크다는 점을 시사했다(라캉Lacan 2007:207).

마지막으로, 데리다의 '탈구축'* 철학은 이성 자체의 권위주의적 토대를 비판했다. 그에 따르면, 언어는 대상을 잔여물이나 배제 없이 '완전한 현존' 그대로 포착하는 투명한 매개체가 아니다. 언어는 **차연****을 통해 작동한다. 다시 말해 언어는 상징적 차이와 현존의 시간적 지연, 즉 '자기 동일성self-identity'으로 작동한다는 것이다. 어떤 불변의 '중심'도 시간이 지나면서 언어 구조(또는 다른 유형의 구조)에 안정성을 담보하

---

* **deconstruction,** 해체 이론(비평)이라고도 하며, 데리다가 자신의 저서 《그라마톨로지에 대하여Of Grammatology》에 제시한 용어.
* **différance,** 차이와 지연의 합성어로 데리다의 해체 비평의 핵심 용어.

는 고정된 준거점을 제공하지는 않는다(데리다Derrida 1978:278-93). 따라서 모든 의사소통의 조건이 제대로 작동하려면 새로운 맥락에서 수정된 의미를 발생시키는 반복의 여지가 있어야 한다.(데리다Derrida 1988). 어떤 '보편적인' 개념적 토대를 주장하거나 도덕적 또는 경험적 정체성에 호소함으로써, 이를 막으려는 시도는 불가피한 언어의 불순물(그리고 창의성)을 거부하는 '형이상학적' 폭력을 행사하는 일이다. 데리다는 지적 무질서를 주장하고 있었던 게 아니었다. 오히려 보편적 진리라는 미명 하에 사회와 정치적 담론에 널리 퍼져있는 해로운 개념적 이분법과 위계질서에 윤리적 관심을 기울여야 한다는 점을 이야기하고 있었다.

물론 이 모든 내용은 서로 다른 지적 탐구이다. 비록 지금은 '포스트-구조주의post-structuralism'라는 명칭으로 연관되어 있지만 단순히 일치하는 것은 하나도 없다. 그럼에도 이런 그들의 지적 탐구는 1980년대와 1990년대 비판적 사고의 중요한 준거점이었다. 또 헤게모니 논쟁을 뒷받침하고 있었던 우세한 마르크스주의 가정에 이의를 제기했다. 권력이 한 곳에 집중되어 있다면, 한 계급 행위자가 이것을 다른 계급을 위압하는 데 이용할 거라는 가정, 집단적 주체가 일단 그들의 이해관계를 인식하면 다른 모든 사람에게 해방을 가져올 거라는 가정, 진정으로 해방된 조화로운 사회를 이루기 위해서는 현실을 정확하게 반영하는 언어를 찾는 것이야말로 이론적 탐구의 목적이라는 가정이, 그에 해당한다.

마르크스주의에 대한 확신이 약해지면서, 포스트-구조주의자들의 통찰력은 포스트-마르크스주의라고 광범위하게 정의된 새로운 이론적 접근방식과 정치적 입장에 영감을 주었다(심Sim 2000). 특히 푸코, 라캉, 데리다의 연구는 '거대 서사' 설명과 권력에 대한 '총체적' 비판이 지닌 매력을 약화시켰다. 하지만 이제는 비평가들이 '본질주의적' 형태의 분석과 정치를 거부했다(길버트Gilbert 2008:49-57). 본질주의는 정체성이 우연적인 (언어적, 사회적, 역사적) 관계들로 좌우되기보다는 완전하고 변치 않는 특징 또는 특성에 달려 있다고 보는 시각이다. 푸코, 라캉, 데리다는 모두 탐구 대상을 우연적인 관계 밖에서 알 수 있다는 이 관점을 거부했다. 모든 권력과 정체성은 부분적이고, 개방적이고, 맥락적이라는 것이다. 이런 관점은 전통적으로 마르크스주의 분석과 정치의 주변부에 위치한 페미니스트, 섹슈얼리티, 인종을 연구하는 비판적 사상가들에 의해 특히 더 잘 수용되었다. 반(反)본질주의 사상은 좌파들이 정치적으로 신우파New Right를 척결하기 위해 다툼을 벌이면서 더 크게 부각되었다. 결국, 헤게모니 개념도 비슷한 수정이 이루어졌다.

마르크스주의를 탈구축하기

에르네스토 라클라우(1935-2014)와 샹탈 무페(1943년~)의 《헤게모니와 사회주의 전략, 급진 민주주의 정치를 향하여 Hegemony and Socialist Strategy: Towards a Radical Democratic Politics》라는 책이 1985년에 출간되었다. 여기서 두 사람은 좌파 정치를 명시적으로 포스트-마르크스주의로 특징짓는 독창적인 설명을 내놨다. 이들은 푸코, 라캉, 데리다 등의 연구에 기반하여 급진적 정치 전략을 계급에 기초한 혁명적 변혁을 준비하는 게 아니라, 다양한 사회운동으로 민주적 연대를 구축하는 프로젝트로 여겨야 한다고 역설했다. 그리고 이런 정치 전략이 헤게모니 정치를 부각시킨다고 주장했다. 전략은 공통적인 민주적 프로젝트 이면에서 다양한 이해관계와 요구에 대한 조율을 수반하기 때문이다. 하지만 이들의 헤게모니 설명은 자본주의 구조나 계급 이데올로기에 관한 이론, 즉 경제적 '기반'의 형식적 요건이나 노동계급이 주어진 역사적 역할을 다하지 못함으로써 부과된 상황에 기반하고 있는 것은 아니었다. 그들에게, 헤게모니는 모든 사회질서의 정치적 구성을 일컬었다.

    라클라우와 무페는 어떻게 이런 주장을 하게 됐을까? 두 사람은 1970년대 사회운동 정치를 가정한 계급 지도력의 필요성과 조화시키려는 마르크스주의자들의 헤게모니 논쟁에 개별적으로 참여한 적이 있었다(라클라우Laclau 1977; 무페Mouffe 1979 참조). 라클라우는 아르헨티나 출신의 학자이자 학생 운동가로 페론주의 포퓰리즘을 경험했으며, 본래 벨기에 출신인 무페는 1960년대 콜롬비아의 한 대학에서 철학을 가르쳤다. 이런 까닭에 두 사람은 라틴 아메리카의 사회운동 정치를 잘 알고 있었다. 이들의 초기 연구에서는 각자 헤게모니가 계급의 이해관계와 무관하게 통일된 집단 정체성에 대한 호소에 항상 좌우된다고 주장했다. 하지만 당시에는 헤게모니에 계급이 '필요하다는 것'이 논리적 추론보다는 단언에 더 가까웠다. 스튜어트 홀의 대처리즘 분석과 포스트-구조주의 사상가들의 반(反)본질주의가 나온 뒤, 라클라우와 무페는 헤게모니가 **반드시** 계급에 근거하지 않아도 된다고 견해를 바꾸며, 이렇게 선언했다. "마르크스주의가 정교하게 만든 주체성과 계급 개념을 유지하는 것은 더 이상 불가능하다"(1985:4). 이는 실제 계급이 아무런 역할을 하지 않는다는 뜻이 아니었다. 다만, 헤게모니를 장악하는 지도력에 대한 주요 내용을 계급적 행위자나 이들의 요구로 인한 사전 결정은 없다는 의미였다. 새로운 이론적 틀을 개발하기 위해 이들이 마르크스주의를 탈구축하기 시작한 것은 이런 점을 밝히기 위한 것이었다.

라클라우와 무페에게 헤게모니는 궁극적으로 마르크스주의 프레임웍framework과 분리되어야 하는 것이었다. 그래서 《헤게모니와 사회주의 전략, 급진 민주주의 정치를 향하여》의 상당 부분에서는, 자본주의 사회가 두 개의 상반된 계급으로 양극화되고 결국에는 노동계급이 동맹을 이끌어 새로운 해방 질서로 나아갈 것이라고, 마르크스주의가 예측한 것의 실패를 완화하기 위한 장치로서 헤게모니 개념의 출현을 집중적으로 추적한다. 실제 사회구조가 더 복잡해지고 그에 따라 필요한 혁명 의식을 창출할 수 없게 되면서, 헤게모니가 "역사적 필연성의 사슬에 벌어진 틈새를 메우기 위해"(1985:7) 소환된 셈이었다. 이와 달리 그람시는 헤게모니를 사회질서 전반에 대한 원리로 이해했다. 즉, 사회는 폐쇄적인 경제구조를 중심으로 응집하지 않았고, 이것이 그 본질적인 방향을 결정한다는 것이다. 사회 통합은 오로지 정치적으로만, 다시 말해 다양한 사회 부문 간에 합의를 도출하고 갈등을 최소화하기 위한 부분적이고 부수적인 노력에 의해서만 주어지는 일이었다. 라클라우와 무페는 이런 주장을 더 발전시키면서 헤게모니의 행위자들이 경제적 계급이어야 한다는 관점을 포기했다(이로써 이들은 그람시의 잔여적 '경제주의'로 간주된 것을 거부한다). 이렇게 결정구조의 토대가 없어지자, 헤게모니와 헤게모니 분석은 더 미묘한 새로운 어휘를 필요로 했다.

그렇다면 라클라우와 무페가 주장하는 헤게모니는 어떤 식으로 작동할까? 두 사람에게 헤게모니는 '사회적인 것'에 형태를 부여하는 '정치적 논리'를 가리킨다. 사회는 할 수 있는 것에 물리적 한계를 부과하는 물질적 대상과는 같지 않다는 것이, 이들의 강조점이다. 푸코의 주장을 확장하면, 오히려 사회는 '담론'이라는 용어를 통해 가장 잘 이해되는 다양한 사회적 실천들이 복잡하게 중첩된 '담론 구성체'이다. 라클라우와 무페의 주장에서 담론은 이데올로기나 언어와 같은 순수한 '인지적' 현상이 아니라, 규칙이 지배하는 관계의 패턴을 일컫는다. 따라서 담론은 (말로 하지 않은 규칙이 경기자players 의 수, 위치, 행동을 구체적으로 명시하는 게임처럼) 물질적일 수도 있고 (말이나 문자와 같이) 언어적일 수도 있다. 관계의 집합으로 이해되는 담론은 본질적으로 개방적이다. 데리다가 주장했듯이, 담론의 내부 규칙은 원칙적으로 항상 바뀔 수 있으며, 그에 따라 담론을 구성하는 요소들의 의미도 수정될 수 있다. 예컨대, 칼은 테이블 위에 다른 식탁용 날붙이류(포크나 숟가락 등)와 함께 '놓여' 있을 때는 한 가지 의미를 갖지만, 우체국 카운터에서 휘두르면 전혀 다른 의미를 갖는다. 담론 구성체로 이해되는 사회는 본질적으로 불완전하다. 즉 "차이의 전체 영역을 고정하는 -그래서 구성하는- 단 하나의 근본 원리는 없다(1985:111). 모든 질서와 응집력은 사회 전반에 형태를 부여하기 위해 수많은 '결절점nodal points'(주요 담론의 연결점)이 부분적으로 고정된 결과이다.

라클라우와 무페에게 헤게모니는 (사회관습, 제도, 사상, 원칙, 지식 형태와 같은) 다양한 담론을 '접합' 또는 연결하는 정치적 실천이며, 그 요소들은 핵심 원리를 중심으로 질서 정연한 응집력 있는 '전체성totality'의 필수적인 순간들로 보이게 한다(1985:113). 따라서 대처리즘은 국가, 법, 질서, 정부의 역할, 개인의 자유사상 등의 담론을 도덕적 서사 및 정치적 프로그램과 접합시켰다. 헤게모니 다툼은 이런 담론을 사회 집단들이 -그리고 그들과 동일시하는 사회집단을- 자신들의 질서 원칙에 맞게 수정하고 조정하기 위해 겨루는 것이며, 본질적으로 사회를 통합하는 것이 무엇인지 정의함으로써 주도권을 잡으려는 것이다. 대처리즘은 이런 식으로 자유시장을 중심적인 질서 원리로 만드는 데 성공했으며, 이를 통해 국가의 역할, 개인의 책임, 기업활동을 통한 사회 재건에 관한 다른 담론을 연결시킬 수 있었다.

중요한 것은 어떤 내부적 논리나 본질이 헤게모니 담론을 일관되게 하는 것이 아니라는 점이다. 실제로 담론은 매우 모순적일 수 있다. 하지만 라클라우와 무페는 담론의 일관성이 '적대antagonism'의 존재에서 비롯된다고 주장했다. 적대는 사회의 완전한 구성을 막는 외적 한계를 가리킨다. 즉 "'타자'의 존재는 내가 완전한 나 자신이 되지 못하게 한다"(1985: 125). 적대는 본능적인 감정이 세차게 치밀어 오르기에 (논리적 불가능성을 의미하는) 모순을 마주하는 일보다는 적을 만드는 일과 더 비슷하다. 라클라우와 무페는 헤게모니의 통일이야말로 공통의 적대를 투사한 -즉, 전 세계의 적을 동일시한- 결과라고 주장한다. '우리'를 통합하는 것은 우리를 위협하고 객관적으로 우리 자신이 되는 것을 막는 것이다. 이 위협은 우리를 '그들'과 분리하는 단 하나의 상징적 '경계' 뒤에서 다수의 담론을 양극화하여 (노동자, 여성, 환경운동가 등) 다양한 '주체의 입장' 사이에 '등가 사슬'*을 만든다. 따라서 반파시즘은 자유주의, 공산주의, 민주주의, 개인의 자유, 연대의 실천과 같은 다양한 성분을 정반대로 합친 (파시즘) 적대자이다. 라클라우와 무페는 헤게모니가 긍정적인 실체에 근접하여 공유하는 것이라기보다는 **부정적으로** 유지되는 통일성이라고 말한 바 있다. 즉 헤게모니 전략의 과제는 모든 사람의 완전한 자각을 막는 적대 세력을 투사함으로써, 선호하는 기표signifiers와 담론 뒤에 동맹을 재정렬하여 이들을 담론적으로 통일하는 것이다.

라클라우와 무페의 헤게모니 재구성은 처음에는 특히 이

---

* **chain of equivalence,** 다양하고 이질적인 요구들이 공통의 적이나 특정한 정치적 목표에 대항하여 연합하면서 서로 등가적인 관계를 형성하는 과정을 의미함.

론적인 틀 전체를 오히려 가볍게 포기했던 마르크스주의 좌파들로부터 격렬한 반발을 불러일으켰다. 즉, 그들은 경제구조에 확고하게 기반을 두지 않은 채 급진 정치를 재구상했다는 이유에서 "관념론"과 "자발주의", 그리고 급진적 전통과 이와 관련된 희망을 저버렸다는 비난을 받았다(제라스Geras 1987; 러스틴Rustin 1987; 멕신스우드Meiksins-Wood 1999; 조세프Joseph 2002 참조). 이런 공격의 대부분은 바로 그 두 사람이 비판하려 했던 패러다임에서 시작되었으며, 따라서 라클라우와 무페의 주장을 충분히 이해하거나 탐구한 사람은 거의 없었다. 하지만 이 두 사람이 말하고자 했던 요점은 자본주의가 급진적인 전략에 중요한 맥락이라는 사실에 이의를 제기하는 것이 아니라, 오히려 자본주의만이 **유일한** 맥락이며, 그럼으로써 급진 정치는 불가피한 필연성에 의해 노동계급의 투쟁과 요구를 중심으로 이루어져야 한다는 것이었다. 대처리즘의 승리는 노동계급의 정체성이 반드시 사회주의적 성향을 띠는 것이 아니라 우파, 중도파, 좌파 등 모든 형태로 나타날 수 있다는 점을 보여주었다. 라클라우와 무페는 모든 사회구조와 이해관계가 원칙적으로 창조적 재의미화에 열려 있다는 사실을 어떻게 드러내는지를 헤게모니가 은밀하게 보여주는 것이라는 점을 함축했다. 실제로, 바로 그 개방성 때문에 새롭고 더 다원적인 민주적 정치가 가능했다.

담론의 주체

라클라우와 무페의 이론적 혁신은 급진적인 정치분석에 완전히 새로운 아젠다agenda를 가능하게 했다. 헤게모니가 마르크스주의로부터 벗어남으로써 다양한 유형과 형태의 헤게모니 정치를 탐구하도록 촉진시켰다. 헤게모니는 더 이상 자본주의 구조, 자본주의 국가, 지배 이데올로기, 또는 이를 지탱하는 계급 동맹에만 국한되지 않았다. 모든 사회에는 -불평등한 권력관계에 대한 종속이 존재하는 곳이면 어디든- **다수의** 헤게모니가 존재하고, 이를 정당화하고 유지하기 위한 헤게모니 다툼이 있다. 인종, 성, 섹슈얼리티 헤게모니가 있고, 다양한 사회적·정치적 맥락에 각양각색의 엘리트 헤게모니가 있다. 이 모든 헤게모니는 공존하고 중첩되기도 하지만 라클라우와 무페가 개발한 분석 용어 -주로 담론 이론- 를 활용하여 제각기, 그리고 함께 검토될 수 있다.

  담론 이론은 그 이후 급진적인 정치분석의 독특한 방식으로 부상했다. (예컨대 '담론 윤리'에 관한 하버마스 연구와 같은) 사회 및 정치이론과 언어학(예컨대 '비판적 담론이론Critical Discourse Theory)의 다양한 접근방식에서 이 용어가 사용되지만, 라클라우와 무페의 설명은 -실천적 투쟁을 검토하고 이를 동원하는 데 사용되는 담론을 결합하면서- 매우 유동적인 형태의 사회정치적 분석을 뒷받침했다(라클라우와 무페Laclau and Mouffe 1987 참조). 이는 라클라우가 자신이 이끈 에섹스 대학의 이데올로기와 담론분석 센터Laclau's Centre for Ideology and DiscourseAnalysis에 학문적 기반을 두고 있는 것이 도움이 되었다. 담론과 헤게모니에 대한 라클라우와 무페의 설명은 때로 프랑스 사상의 특별한 기여를 인정하기 위해 '포스트-구조주의 담론 이론'이라고도 부르며, 국제적으로 성공을 거둔 연구 프로그램으로 발전했다(토핑Torfing 1999; 타운센드Townshend 2003). 라클라우와 그의 동료 연구자들은 여러 맥락에서 나타난 헤게모니와 '반헤게모니' 담론과 담론분석 방법(하워드Howarth 2000; 글리노스Glynos and 하워드Howarth 2007)을 탐구했다. 남아프리카공화국의 아파르트헤이트(노발Norval 1998), 공공정책에 대한 갈등과 투쟁, 인종과 섹슈얼리티에 대한 논쟁(스미스Smith 1994), 유럽연합의 발전과 유럽에 대한 논란, 인종-국가주의 갈등(하워드, 노발, 그리고 스타브라카키스Howarth, Norval, and Stavrakakis 2000; 하워드와 토핑Howarth and Torfing 2005)이 대표적이다.

이런 분석의 핵심은 **주체**의 범주였다. 마르크스주의 분석에서는 사회구조와 이를 뒷받침하는 계급 동맹을 객관적인 구성요소이자 헤게모니를 설명하는 근거로 간주했다. 주관적 경험은 계급 구조에서 자신의 위치를 다소 복잡하게 표현하는 것으로 생각되었다. 물론 가부장제나 인종차별주의와 같은 다른 지배체계는 이런 표현을 더욱 복잡하게 만들 수 있다 (앞서 보았듯이 마르크스주의 구조주의자들이 이를 인정했던 것이다). 개인의 이념적 성향 -우리 자신의 경험과 일치한다고 여기는 신념과 가치- 은 결코 단 하나의 구조에만 직접적으로 관련되지 않고 중첩된 위치의 '응축'이다. 하지만 이런 복잡성에도 불구하고 이데올로기는 근본적인 구조 원리와 ('최종심급에서') 일치하는 것으로 생각되었다.

그러나 라클라우가 보기에, 주체는 결코 구조 속의 위치와 완전히 일치하지 않는다. "주체의 위치는 탈구dislocation의 위치이며 (...) 구조 속에 한순간 있는 것이 아니다. 주체는 구조를 그 자체로, 즉 자족하는 대상으로 구성할 수 없는 결과물이다"(라클라우Laclau 1990: 41). 그는 라캉을 따라 주관적인 정체성은 완전히 '채워지는' 것을 거부하는 결핍으로 구성되어 있다고 주장한다. 예를 들어, 교수로서의 내 정체성은 교수직을 즐기지 못하게 하는 낮은 급여로, 또는 내가 교수직에 충분한 주의를 기울이지 못하게 하는 부모로서의 의무 때문에 탈구되거나 방해받는다. 따라서 내 자아는 사회구조에서 맡은 나의 역할과 완전히 일치하지 않는다. 모든 사회 정체성은 불완전하게 경험되며, 이것이 주체가 더 많은 동일시를 하도록 하는 원동력이다. "따라서 사회정치적 과정에 대한 실제 분석은 사회적 힘이 어떤 것이라는 객관주의적 선입견을 버리고, 이 힘이 무엇을 할 수 없는지를 검토하는 데서 시작해야 한다"(1990: 38). 라클라우의 주장에 따르면, 헤게모니 담론의 목적은 일반적인 탈구 경험에 대응하여, 이를 특정 적대자에게 투영하는 일이다.

포스트-마르크스주의 헤게모니에 대한 분석 언어는 제도나 사회구조보다는 탈구된 주체의 변화패턴에 의해 좌우된다. 물론 제도나 사회구조는, 특히 사회위기 시 특정 구조가 완전히 구조화되지 못한 경우 주체를 등장시켜 바로 동원할 수 있기 때문에 전적으로 관련이 있다. 하지만 담론의 작동은 주로 상징적이다. 따라서 담론의 작동 방식을 이해하려면 정체성의 형성과 소멸을 추적해야 한다. 헤게모니 담론은 의미 있는 요소들을 접합하고 이것을 다른 것과 결합하는 '등가 사슬'에 배치하지만, 그 차이를 완전히 없애지는 않는다. 번갈아 나타나는 차이와 동일성의 논리는 뚜렷이 다른 요소들(차이)이 적대를 불러일으키는 힘에 맞서 함께 결집할 때(등가) 그것들이 가지고 있는 의미를 수정하는 방식을 일컫는다(라캉과 무페Laclau and Mouffe 1985: 127-34). 헤게모니 정치는 논증과 서사, 정치적 이념을 통해 주체를 설득하고 상징적으로 접합, 그리고 탈구시키기 위한 지속적인 은유 다툼이다.

이후 연구에서 라클라우는 헤게모니 논리를 명확히 하기

위해 '비어 있는 기표empty signifier'라는 개념을 내놓았다(라클라우Laclau 1996: 36-46 참조). '비어 있는 기표'는 분리된 대상이 아니라 사회질서 자체에서 누락된 차원에 해당하는 특권적 용어이다. 정의, 자유, 평화 같은 용어처럼 풀기 어려운 면을 지칭하기도 하며 법적 권리, 참정권, 물질적 평등과 같은 다양한 다른 담론과 기호 요소들을 연결한다. 비어 있는 기표가 작동하는 이유는 비어 있는 그 자체가 다양한 집단과 이해관계자를 아우르는 '보편적' 특성으로, 그 위에 그들의 탈구를 투영할 수 있도록 하기 때문이다. 하지만 이 역시 충족되지 않은 특성, 즉 존재가 아닌 부재이다. 정의, 민주주의 등은 완전히 실현되지 않았기 때문에 사회운동을 동원할 뿐이며, 따라서 완성에 대한 욕구를 자극한다. 헤게모니 정치는 비어 있는 기표를 전유하고, 이런 부재를 '육화'하여 화해된 질서의 전망을 구현하는 것을 수반한다. 이러한 '유토피아적' 측면은 등가 사슬을 정교화하는 작업을 시작하도록 만들기 때문에 모든 헤게모니 투쟁의 핵심이다. 중요한 점은 이런 기표의 매개체가 적대뿐만 아니라 특정 개인과 집단, 즉 잠재적으로 보편적인 호소력을 지닌 인물로 확장되는 요구인 경우가 많다는 사실이다.

예컨대, 앞 장에서 언급했듯이 도널드 트럼프의 성공적인 2016년 미국 대통령 선거운동은 '국가'의 부가 진보적인 엘리트에 의해 '훔쳐진' 탓에 부재하다는 포퓰리즘 기표와 '미국을 다시 위대하게Make America Great Again'라는 그의 야망을 중심으로 진행된 바 있다. 그리고 급진적 보수주의자, 자유주의자, 불만이 있는 사회단체와 계층들이 트럼프의 지도력을 통해 자신들의 요구를 실현할 수 있는 것처럼 여기게 부추겼다. 2020년 미국 경찰의 체포 과정에서 미국인 흑인 조지 플로이드George Floyd가 살해된 사건은 주로 〈흑인의 생명도 소중하다Black Lives Matter〉라는 단체를 통해 전 세계의 다양한 시민과 운동을 연결하는 등가 사슬을 작동시킨 시위를 유발했다. 플로이드는 부재한 인종 정의라는 보편적 원칙을 잠시 구체적으로 상징하는 인물이 되었다고 할 수 있다.

라클라우와 무페의 헤게모니 모델은 마르크스주의 밖에서도 비판적 시각으로 연구하고 정치를 분석하는 새로운 세대의 성장을 자극했다. 이들은 이를 완수하면서 전후 마르크스주의 정치사회학에 뿌리를 둔 헤게모니를 지켜내고, 그 이론적 토대에도 새로운 활기를 불어넣었다. 그리고 이를 통해 정신분석학이나 해체주의와 같은 다른 모든 지적 전통에 생산적으로 참여하고, 다양한 유형의 정치적 갈등을 탐구할 수 있었다. 담론에 초점을 맞추면서 헤게모니의 적용 범위가 확대되었지만, 부분적으로는 일반적인 권력 분석에 흡수시켜 익숙하게 했다. 포각스Forgacs(1989: 88)가 지적하듯이, 담론에 대한 두 사람의 관심 속에는 사회 구성체에 대한 그람시의 '통합적', '전체 시스템적' 관점이 전혀 들어 있지 않았다. 물론 담론 이론을 자본주의 국가나 정치경제에 적용하는 것은 가능했다(예컨대, 토핑Torfing 1998 참조). 하지만 이런 유형의 포괄적 분석은 담론 이론가들의 이론적이고 보다 전략적인 집중된 관심사에 자주 어긋났다. 더 협소한 범위로의 후퇴는 아마 냉전 종식이나 급진적 사고의 지평으로서 마르크스주의의 쇠퇴가 초래한 결과일 수 있다. 다음 장에서 살펴보겠지만, 그럼에도 불구하고 국제정치와 정치경제에 대한 마르크스주의 접근방식은 헤게모니를 더 넓은 지평에 계속 적용했다.

급진 민주주의와 다원주의

라클라우와 무페가 헤게모니를 다시 연구한 본래의 목적은 이들의 책 제목에서 알 수 있듯이, 여러 해방적 요구가 결합된 보다 광범위한 정치적 전략으로서 사회주의를 완전히 바꿔놓는 것이었다. 소유관계보다 물질적 생산을 우선시하거나 자본주의를 전복하는 것에만 초점을 맞춘 프로젝트가 아니라, (부제에서 보듯) 이른바 '급진 민주주의 정치'가 그들의 목표였다. 라클라우와 무페에게 사회주의는 지배로부터의 자유를 추구하는 여러 프로젝트 중 하나로서 민주주의를 넓히는 일반화된 요소라는 생각이 더 컸다. 두 사람이 다시 헤게모니의 윤리적 차원에 주목했던 것도 바로 이런 차원에서였다.

민주주의 문제는 1970년대와 1980년대부터 유럽 사회주의 운동의 핵심 쟁점으로 떠올랐다. 위계적인 정당 형태와 계급을 자동적으로 우선시하는 것에 여러 사회운동이 이의를 제기하고, 다양한 참여적 형태의 민주적 투쟁에 대한 전망을 내놓았기 때문이다(블룸필드Bloomfield 1977; 헌트Hunt 1980). 급진적 사회주의자들은 전통적으로 의회 자유민주주의를 노동 계급에게 실질적 권력을 절대 돌려줄 수 없는 한낱 '형식적인' 비효율적 제도일 뿐이라고 비판했다. 의회 자유민주주의는 결코 자본주의 소유관계를 철폐하지 않을 것이기 때문이다. 이와 대조적으로 사회주의는 의회 민주주의를 '실질적 민주주의'로 대체하여, 생산 수단에 대한 '실질적' 통제권을 노동자의 손에 넘겨줄 수 있었다. 하지만 그러한 실질적 변화가 실제로 일어났다는 사례는 전혀 없었다. 사실 사회주의 국가들은 시민을 심각하게 의심하고 개인의 자유를 극단적으로 제한하는 전형적인 권위주의 체제였다. 특히 레닌주의 모델은 사회주의와 민주적 자유, 그리고 다원주의의 양립 가능성에 대한 심각한 문제를 불러일으켰다. 자본주의적 민주주의는 소유관계에 이의를 제기할 수 있는 범위가 확실히 제한적이라고 할지라도, 의회의 대표성이 최소한 **어느 정도**의 책임을 지게 하고, 시민의 자유를 보호하고, 민사 분쟁에 대해 다양한 형태의 법적 구제를 제공했다(바비오Bobbio 1986).

라클라우와 무페에 따르면, 현대 사회주의자들은 스스로를 18세기에 시작된 '민주주의 혁명'의 계승자로 간주하고, 전부 바꾸기보다는 지배로부터 민주주의를 지키고 더 넓게 확장하기 위해 싸워야 했다(라클라우와 무페Laclau and Mouffe 1985: 152-9). "좌파의 대안은 민주주의 혁명의 영역에서 완전히 자리를 잡고 억압에 맞선 다양한 투쟁들 사이에 등가 사슬을 확대하는 것이어야 했다"(1985: 176). 두 사람은 현대사회가 하나의 갈등만을 중심으로 양극화되지는 않았지만, 사회 전반에 "적대가 확산되었다"고 강조했다(1985: 163). 그래서 좌파는 한 집단적인 주체의 이익을 증진하기보다는 급진적 다원주의에 대한 헌신을 전면에 내세워야 했다. 사회운동과 민주주의 투쟁은 불가피하게 다양하고 때로는 겹치기도 하지만 서로 다른 목표를 갖고 있다. 페미니스트들은 다양한 형태의 가부장제에 맞서 싸우고, 레즈비언과 게이는 자신들의 섹슈얼리티를 표현할 수 있는 개인적 자유를 위해 싸운다. 생태주의자들은 산업화와 그에 따른 환경파괴에 대한 대책을 모색한다. 집단들이 서로 또는 계급 정치(단일한 실체가 아님)와 자동으로, 아니면 매끄럽게 같은 태도를 취할 이유는 없다. 그들은 다양한 지배에 맞서 싸우고 다양한 형태의 탈구와 적대를 경험하기 때문이다. 따라서 "급진적인 자코뱅파의 상상력(**하나의** 근본적인 단절과 정치가 이루어지는 **독특한** 공간에 대한 가정)"(1985: 152; 강조 용어는 원문에서 강조함)의 시대는 오래전에 지나간 낭만적 이상이었다.

하지만 그렇다고 해서 의회 민주주의가 이 모든 것을 완수할 것이라는 의미는 아니다. 급진적인 민주적 다원주의는 자유주의적 개인주의가 아닌, 수많은 사회집단을 정당한 주체로 인정하고 민주적 삶에서 그들의 존재감을 확장하고자 한다. 이 때문에 진보적이고 비혁명적인 프로젝트는 평등뿐만 아니라 차이를 촉진하는 것을 의미했다(1985: 164). '민주적 상상력'은 항상 차이와 동질감 -자유와 평등- 의 결합을 수반했으며, 마찬가지로 급진 민주주의는 다양한 투쟁과 요구를 동질화하지 않고 창의적으로 연결하며, 법적 권리에 대한 자유로운 담론을 기반으로 하되 이것을 새로운 사회 주체로 확대하는 것을 수반했다. 따라서 급진 민주주의는 자본주의 전복에 자동적으로 우선권을 두지 않고 다양한 반자본주의적, 민주주의적 요구를 결합하는 방식으로 제시되었다. 물론 이런 방식은 많은 사회주의자들에게 변절의 증거였다. 하지만 라클라우와 무페는 반자본주의가 좌파의 프로젝트 중 하나일 뿐이며('좌파의 정치는 **하나가** 아니다'), 다양한 적대적 현장에서 사회주의가 좌파 헤게모니의 가장 중요한 원칙이 될 수 없다고 주장했다.

무페는 정치적 개혁주의를 재탕한다는 비난에 맞서 "정치적인 것"이라는 개념으로 요약되는 갈등의 원칙이 급진 민주주의 윤리에 중요하다는 점을 강조했다(무페Mouffe 1993, 2000, 2005, 2013 참조). 무페에게 정치적인 것은 경쟁과 적대, 의견 불일치와 적개심의 영역을 의미하며, 이를 통해 모든 정치체제의 매개변수가 구성된다. 합의적인 기존의 질서 안에서 작동하는 일상적인 교류와 관행에 관련되는 '정치' 영역과는 정반대인 셈이다. 이런 구분을 통해 무페는, 좌파 헤게모니는 정치적인 것에 호소한다는 점에서 구별된다고 주장한다. 급진 민주주의는 존 롤즈가 언급하는 '중첩적 합의' 속에서 적대가 효과적으로 중화되는 조화로운 자유주의적 다원주의처럼 상상될 수가 없다. 정치를 '합리적인' 합의와 '인간 본성', 또는 다른 본질적인 원칙 위에 세우려는 다른 민주주의 모델과는 달리, 급진 민주주의는 '경합주의'를 촉진한다. '충분히 실현된' 공동체라는 미명 아래 차이를 원만한 합의로 받아들이길 거부하는 갈등적 관점이다. 모든 정치 공동체는 헤게모니의 산물이자, 권력관계와 구성요소가 되는 적대들로 인해 자국이 남는 투쟁의 불안정한 결과물이다.

> 완전히 포용적인 공동체와 최종적인 통합은 결코 실현될 수 없다. 왜냐면 존속을 가능하게 하는 공동체의 외부, 즉 '구성된 외부'가 영구적으로 존재하기 때문이다. 적대 세력은 갈등과 분열로 특징지어진 정치로 절대 사라지지는 않을 것이다. 여러 형태의 합의에는 이를 수 있지만 항상 부분적이고 잠정적이다. 합의는 필연적으로 배제 행위에 기반하기 때문이다(Mouffe 1993: 69).

적대의 차원을 제거하는 것은 집단의 이해관계가 우연적이고 정치적으로 구성된다는 점을 부인하는 일이며, 대안적 헤게모니를 상상할 가능성까지 닫는다. 이와 대조적으로 급진 민주주의는 적대의 필요성과 불가피성을 내세운다. 민주적 권리의 본질과 범위는 언제나 '대적자적' 경쟁 가능성에 열려 있어야 한다는 의미이다(무페Mouffe 2000: 80–107). 하지만 '반정치적' 성향은 시장 거래를 위해 공적 논쟁을 최소화함으로써 신자유주의적 현대 자본주의를 지배한다고, 무페는 주장한다. 실제로 이 주장은 21세기 전환기에 시장 확대를 만병통치약으로 여긴 '기술관료적' 통치 모델을 위해 갈등을 포기함으로써 '대적자 없는 정치'를 표방했던, 대처 이후의 영국 '신노동당' 정부가 지닌 문제였다(무페Mouffe 2000: 108–28). 무페는 급진 민주주의의 헤게모니는 무력한 '무지개'* 정치가 아니라, 자유주의적 합의에 이의를 제기하고 민주적 시민권의 확장을 주장하는 투쟁적 연합이 될 것이라고 말했다.

좌파의 포퓰리즘?

라클라우와 무페가 급진 민주주의를 일종의 좌파 '포퓰리즘'이라고 옹호했던 일은 21세기였다. 앞 장에서 살펴봤듯이, 이 주장은 '인민'과 엘리트 간의 적대를 특권화하는 프로젝트이다. 탈냉전 시대, 특히 2008년 금융 위기 이후 다양한 포퓰리즘 정치가 점점 더 널리 퍼졌다(모핏Moffitt 2020 참조). 이 주제를 초기 연구에서 다룬 라클라우가 보기에, 포퓰리즘은 특정 행위자가 행위 자체를 '일반화'함으로써 다양한 탈구 집단과 운동을 접합하게 된다는, 그의 헤게모니 이론에 꼭 필요한 논

---

* **rainbow**, 미국에서 '레인보우' 개념은 주로 정치조직이나 운동 내의 다양한 민족과 기타 인구의 통계적 범주를 지칭한다.

리를 말해준다. 그는 모든 현대정치가 지배 엘리트 집단에 맞서 싸우는 포괄적인 집단 주체로서 인민의 이미지를 지향한다는 점을 시사한다(라클라우Laclau 2018). 북반구에 위치한 선진국의 포퓰리즘이 대체로 인민의 개념을 배타적인 민족 집단으로 제한하는 우파 운동과 관련이 있지만, 그 밑바탕에 있는 기본 논리는 급진 민주주의 포퓰리즘의 가능성이 있음을 암시한다. 라클라우는 사망하기 전까지 중도 좌파 포퓰리스트 성향의 아르헨티나 대통령 네스토르 키르치네르Néstor Kirchner와 크리스티나 페르난데스 데 키르치네르Cristina Fernández de Kirchner의 고문으로 활동한 바 있다.

무페는 근래에 확산되고 있는 유럽의 포퓰리즘의 경우 최근 사회민주주의 정부들의 치명적인 '탈정치적' 지향에 대한 반작용이라고 본다(에레욘과 무페Errejón and Mouffe 2016: 22). 대중의 의견 불일치를 좁히고 민주적 시민권을 약화시키는 통치 방식을 시도하면서, 적대가 정치문화에서 제거된다. 그 결과, 기존 체제 안에서는 온갖 유형의 소외된 불만 집단들(우파와 좌파 모두)의 새로운 집단적 이해관계를 접합시킬 가능성이 차단된다. 그리하여 그들은 공식적인 정치와 그들을 지배하는 엘리트에게서 등을 돌린다. 우파는 다문화주의나 이민을 사회질서의 적으로 규정하는 경향이 있는 반면, 좌파 포퓰리즘은 신자유주의, 민족-국가주의, 인종차별주의에 대한 적대를 중심으로 형성되고, 인민의 다양하고 포용적인 의식을 지지한다고 볼 수 있다. 이는 특히 금융 위기 당시 신자유주의 정책의 배타적인 영향으로 심각하게 고통을 겪은 그리스와 같은 민주주의 국가에서 일어난 일이었다. 그리스의 과거 사회민주주의 지도자들은 대중적 관심사에 대한 옹호에 실질적인 반대 입장을 표명하지 못했다. 무페 자신은 스페인 포퓰리즘 운동인 포데모스*의 논의에 참여한 적이 있다(에레욘과 무페 Errejón and Mouffe 2016).

나중에 라클라우와 무페가 포퓰리즘에 관심을 가진 것은 라틴아메리카 정치에 대한 초기의 관심사와 급진 민주주의에 대한 설명, 수많은 사회운동을 통합하기 위한 프로젝트의 연장선으로 볼 수 있다. 하지만 좌파 포퓰리즘의 성공은 지금까지 미미했다. 마찬가지로 이질적인 부분들로 이루어진 좌파 정치운동을 지속하는 것은 여전히 어렵다. 또 모든 구성요소가 프로젝트에서 충분히 식별되는지도 분명치 않다. 좌파 단체와 운동의 연대를 넘어 '인민'에 대한 호소력을 더 광범위

---

* 포데모스(스페인어: Podemos → 우리는 할 수 있다)는 2014년 1월 16일에 창당된 스페인의 민주사회주의, 좌익 대중주의 정당. 이 정당은 2014년 당시 스페인의 긴축 재정에 반대하는 2011-2015년 스페인 시위의 흐름 속에 정치 과학자인 파블로 이글레시아스 투리온에 의해 창당됨. 불평등, 실업, 경제 불안과 유럽 부채 위기 등의 문제에 있어서 긴축정책의 재협상을 요구하고 리스본 조약을 축소할 것을 촉구함.

한 공중에게 확대하는 것은 여전히 상당한 도전과제로 남아 있다(프렌툴리스Prentoulis 2021 참조).

결론

헤게모니 개념은 라클라우와 무페가 급진 민주주의 프로젝트에 사회가 정치적으로 구성되는 방식에 대한 이론을 결합하여 재구성함으로써, 그람시 이후 가장 참신하고 광범위한 발전을 이루었다. 이는 그람시의 마르크스주의 유산을 기반으로 급진적 정치이론에 패러다임 전환을 가져온 것이었다. 라클라우와 무페의 헤게모니 개념의 재구성은 현대 자본주의의 정치적 지형이 갈수록 파편화되고 기초 사상에 대한 철학적 비판이 있던 상황에서, 이 책의 서론에서 강조한 세 가지 차원으로 이루어졌다.

권력이론으로서 보자면, 라클라우와 무페는 그 강조점을 계급과 제도에 초점을 맞춘 국가건설 모델에서, 담론에 초점을 맞춘 집단 정체성의 형성 모델로 바꾸었다. 물론 그로 인해 계급, 국가, 시민사회, 지식인, 정당과 같은 사회학 개념의 존재감이 축소되고, 더 추상적인 것이 도드라진 것은 분명하다. 두 사람은 이렇게 말했다. "더 이상 사회질서의 **토대**가 아니라 **사회 논리**의 문제이다"(1985: 183; 강조는 원문 강조). 하지만 동시에 논리에 대한 주목은 헤게모니를 일반적 모델로 간주하고 이를 새롭고 다양한 여러 맥락에 적용할 수 있는 가능성을 열어준다.

주체성과 관련하여, 라클라우와 무페의 담론 이론은 사회 정체성에 대한 복잡한 반본질주의 접근방식을 정교화했는데, 이는 주체를 헤게모니 다툼의 주요 도구로 전면에 내세운다. 불가피하게 미디어와 같은 정체성 구성의 기술적 메커니즘과 제도가 정체성의 상징적 내용과 변화에 대한 일반적인 관심의 증가로 약화된다는 의미이다. 하지만 이것이 더 맥락적인 분석을 배제하는 것은 아니다(달버그와 시아페라Dahlberg and Siapera 2007; 달버그와 펠란Dahlberg and Phelan 2011 등 참조).

마지막으로, 급진 민주주의는 헤게모니의 윤리적 차원 문제를 재점화하여, 특정 유형의 본질주의와 보편주의를 의심하는 탈산업, 탈사회주의 시대에 해방이 무엇일지에 대한 질문을 제기했다(버틀러, 라클라우, 그리고 지젝Butler, Laclau, and Žizek 2000 참조). 급진 민주주의는 사회의 조화를 추구하는 집단적 주체보다는 다원주의와 적대를 강조하면서, 해방을 불가피하게 부분적이고 불완전한 것으로 받아들이는 현실주의적 윤리로 회귀했다. 그럼에도 불구하고 이 불완전성은 급진적으로 다시 시작하는 민주주의 정치를 위한 전제 조건이다.

5장

국가를 넘다, 세계적 차원의 헤게모니

지금까지 우리는 주로 국민국가라는 틀로 헤게모니 개념의 진화를 살펴봤다. 이는 그람시와 그의 사상을 전후 정치에 적용하려 했던 사람들의 뇌리를 사로잡고 있던 생각을 여실히 보여준다. 하지만 이 개념의 역사적 계보는 더 길다. 초기 문헌을 살펴보면, 고대 도시국가들은 여러 동맹국을 이끌고 자국 국경을 넘어 일정 기간 동안 군림하는 방식을 헤게모니로 묘사했다(레보우와 켈리Lebow and Kelly 2001). 초기에 헤게모니 지도력이 행사된 '곳'은 자국 '내' 지역사회가 아닌, 국'외' 지역이었다는 이야기이다. 20세기에는 이 지도력의 역할을 미국이 담당하고 있었기 때문에, 미국의 전 세계 지배력이 국제관계(IR) 분야의 여러 '학파' 간 헤게모니 논쟁의 중심이었다(퍼거슨Ferguson 2005; 워스Worth 2015; 슈미트Schmidt 2018 참조). 많은 국제관계 이론가와 비평가들이 보기에, 국제정치의 특징은 국민정치에서 규정하고 있는 단일한 법적 또는 제도적 장치가 부재한다는 점이다. 따라서 '무정부 상태anarchy'는 이런 국제정치의 특징을 적절하게 묘사하고 있는 용어라 할 수 있다. 전 세계 **모든** 국가가 해야 할 일과 하지 말아야 할 일을 규율하는 공식적인 권위나 공통의 도덕적 체계가 단순히 존재하지 않는다는 의미이다. 이런 상황에서는, 특히 세계 질서가 경쟁과 의견 충돌로 인해 끊임없이 위협받을 공산이 매우 크다(애슐리Ashley 1988; 불Bull 2002 참조).

이런 큰 틀 안에서 헤게모니 개념은 어떻게 적용될까? 국제적인 무정부 상태를 가정하기 때문에 강압/동의, 지배/헤게모니를 구분하는 일은 국가적 차원에 비해 쉽지 않다. 질서는 특정 지역이나 전 세계 차원에서 하나(또는 여러)의 강력한 국가 또는 '헤게모니 국가'의 '패권'과 관련 있는 경우가 많다. 하지만 헤게모니 질서의 일반적인 위상은 모호하게 남아 있다. 한 강대국이 다른 국가들을 지배하거나, **아니면** 광범위한 국가 간 연합에서 합의된 지도력의 획득과 동등한 의미로 다루어지는 경우가 많기 때문이다. 첫 번째 경우는 전 세계에 행사되고 있는 미국의 힘을 세계 질서에 필요한 헤게모니 지배로 보는 보수적인 지지자들의 시각이다. 노암 촘스키Noam Chomsky(2003)와 같은 좌파 비평가들 역시 이런 지배를 '민주주의 그리고 자유'와 나란히 놓는다. 두 번째의 경우는 이와 대조적으로 헤게모니를 합법화된 규범과 제도를 공유하는 '국제사회'의 기초로 간주하는 이안 클라크Ian Clark(2011)와 같은 학자들의 시각이다.

헤게모니는 세계 질서의 적일까, 아니면 구세주일까? 이 질문에 대한 의견 차이는 학파의 상반된 시각뿐 아니라 지배와 지도력을 결합하는 헤게모니 개념의 본질적인 모호성을 반영한다. 지배와 지도력이 때로 거의 구분할 수 없는 정도로 서로 얽혀 있는 맥락에서는 이런 모호성이 더욱 확대된다. 국제 기구 및 기준에 대한 지지와 합의에 의한 동맹을 유지하는 데는 전쟁, 정복, 외교적 고립이 자주 포함되기도 한다. 그런데 국제적 차원에서 생각해 보면 헤게모니가 무엇을 의미하는지, 실제 헤게모니적인 것은 어떤 것인지에 대한 상당한 논란이 존재한다. 헤게모니의 국제적 틀은 근본적으로 다른 다양한 방식으로 조정될 수 있다. 앞으로 살펴보겠지만, 어떤 설명에서는 헤게모니가 주로 강대국들과 그들의 지배와 관련되며, 다른 설명에서는 헤게모니가 가치와 기구를 통한 국제 체제 전반에 걸쳐 합의한 지도력과 관련된다. 또 최근의 신그람시주의 비평가들에게 헤게모니는 물리력과 동의의 결합을 통한 경제 질서의 확장이다.

세계를 이끌어가기

불평등한 권력, 적대적이고 공격적인 사회세력, 국경과 경제적 자원을 놓고 치열하게 경쟁이 벌어지고 있는 국제적 맥락에서, 총체적 무질서나 무법 사태가 일어나는 것을 막을 수 있는 것은 무엇일까? 국제적인 무정부 상태에서 권력은 영토 안보와 정치적 통합이라는 기본 문제로 드러난다. 대개 이런 문제는 공통 공간을 점유하고 있는 정착민들 사이의 시민 공존이라는 미묘한 문제라기보다는, 어떻게 공유 공간을 지속시켜 통치할 수 있을지와 관련된다. 국제관계(IR) 학자들에게 질서 문제에 대한 납득가는 대응은, 본질적으로 국가는 통합된 이기적 행위자로 '대외' 활동에서 무엇이 자국에 최선의 이익인지 따져본다고 주장하는 것이다. 전쟁과 정복인지, 아니면 평화와 협력인지의 선택은 자원과 기회에 대한 지속적인 평가에 따라 달라진다. 무정부 상태에서 국제정치는 전통적으로 경쟁국들이 자국에 유리하게 행동하는 법을 계산하는 마키아벨리식 논리를 따랐다.

"현실주의" 또는 "신현실주의neo-realism"는 바로 이러한 국제정치에 대한 관점으로 알려져 있다(모겐쏘Morgenthau 1948; 왈츠Waltz 1979 참조). 이 관점은 국제사회가 본질적으로 (분열된 것이 아니라) 통합된 행위자로서, 경쟁국과의 경쟁에서(이상을 공유하는 것이 아니라) 자신의 이익을 극대화하려는 국가들로 특징지어진다고 가정한다. 이런 국가의 행동을 결정하는 것은 궁극적으로 자국의 영토 안보 및 보전 가능성과 다른 국가들의 상대적인 힘에 대한 합리적 평가이다. 따라서 국제사회는 각국의 행동이 잠재적으로 다른 국가의 행동을 바꿀 수 있는 상대적으로 비구조화된 공간이다. 이런 불안정한 시나리오를 감안하면, 세계 무대에서 상당한 군사력 및/또는 경제력을 보유한 하나 이상의 주요 강대국의 존재만이 지속적인 불안정성의 위협을 줄일 수 있다. 헤게모니를 장악하고 있는 국가는 '힘의 균형'을 유지하고 위법 행위가 처벌받도록 보장하여 더 넓은 '국제 체제'를 지배하고, 또 그렇게 함으로써 다른 국가들이 자국의 장기 존속을 위해 의존하는 동안에도 자국의 이익을 도모한다(모겐쏘Morgenthau 1948: 125-33). 현실주의자들은 때때로 공유하는 인도주의적 관심사나 도덕적 이상을 비현실적인 믿음이라고 여기는 데 반해, 국가 간 경쟁은 국제정치의 기본 조건이라고 주장한다.

전통적인 현실주의 세계관에 존재하는 합의된 '질서'는 패권국의 위력이 지닌 단순한 위협에 의해 대부분 '수동적으로' 완수된다. 그럼에도 전통적인 현실주의자들이 헤게모니를 지배와 동등하게 여겼다면, 다른 현실주의자들은 지배가 다른 국가에 대한 보다 철저한 합의에 기반한 지도력을 발휘하게 할 수 있다는 점을 강조했다(코헤인Keohane 1984). 때로 '헤게모니 안정이론hegemonic stability theory'이라고 부르는 이 관점은, (전적으로 무정부적인 질서보다는) 다양하게 구조화된 위계질서(또는 '체제')가 하나 이상의 주요 국가의 힘에 의해 뒷받침되는 공통의 규칙과 원칙, 제도를 통해 지속가능한 국가 간 협력을 어떻게 만들어내는지를 강조한다. 이런 관점에서 안정적이고 '자유로운' 세계 질서는 지배적인 강대국의 지원 철회 가능성을 고려하여, 국가들이 공동 기준을 공유하고 국경을 존중함으로써 합리적인 자국 이익을 추구하는 질서이다. 따라서 패권국의 존재는 이로부터 혜택을, 특히 경제적 이익을 얻을 수 있는 약소국에 도움이 된다. 그런 패권국의 위력이 지닌 위협이 없다면, 실제로 무력을 사용할 필요성은 (특히 일단 정치체계가 구축되면) 거의 없을지라도, 예를 들면 '경제적 개방'이 이루어지지 않고 편협한 자국 이익과 무질서만이 존재하게 될 것이다(코헤인Keohane 1984: 184; 웨브와 크라스너Webb and

Krasner 1989).

따라서 현실주의자들은 헤게모니를 때로 '극성polarities'이라는 용어로 설명한다. 지배 국가들의 존재가 모든 체제의 특징을 정의하는 데 도움이 되기 때문이다. 국제체제의 경우 '단극 체제unipolar'(전통적인 현실주의 관점인 하나의 국가에 의한 지배), '양극 체제bipolar'(두 개의 경쟁 국가 체제), '다극 체제multipolar'(다수의 세력 기반)가 있을 수 있다. 단극 체제는 19세기 세계를 지배했던 대영제국(이른바 팍스 브리태니커Pax Britannica)이 대표적이며, 양극 체제는 20세기 냉전 시기에 미국과 소비에트 연방의 초강대국 경쟁 모델과 비슷하다. 다극 체제는 아마도 지금의 탈냉전 세계의 국제정치가 그에 해당할 것이다(미국이 새로운 단극 패권국인지에 대해서는 이견이 있다). 각 체제는 광범위하고 유동적이긴 하지만 다양한 동맹, 경쟁, 갈등을 관리하는 독특한 상호 작용 체계이다. 그렇지만 마지막에 언급한 다극 체제에서는 하나의 중심 세력이 강력한 지배력을 갖지 못해 국가 간(예컨대, 미국, 러시아, 중국, 유럽연합 사이) 경쟁이 심화되면서 헤게모니가 점차 약화된다.

여러 면에서 현실주의 관점은 국제관계학의 탄생 이래로 이 학문 사상의 핵심이자 그 뒤에 나온 국제정치에 대한 모든 접근방식의 기초가 되었다. 이런 접근방식에서는 대개 기본 원리의 일부분 또는 전체를 문제 삼는다. 현실주의자들이 이해하는 헤게모니의 의미는 국가를 이기적인 행위자로, 정치를 통일된 이상의 집합이라기보다는 폭력에 기반한 끊임없는 이익 경쟁으로 강조하는, 마키아벨리의 특정 해석에 크게 빚지고 있다. 권력의 불안정성과 전략적 움직임이 갖는 중요성에 대한 인식이 분명히 존재한다면, '주권' 국가를 권력의 유일한 소유자로 집착하는 홉스적 관점에서 생각하는 경향도 강하게 들어 있다. 현실주의자들에게, 헤게모니는 국가가 우월한 자원 통제력에 의해서 추구하는 무언가를 말한다(하지만 지배는 상호 목적에 부합하는 협력과 지도력의 형태를 띨 수 있다). 하지만 헤게모니는 결코 이런 국가의 기본적 특성을 실제로 바꾸지는 않는다.

이와 달리 국제적 헤게모니에 대한 덜 국가 중심적인 대안적 설명에서는 헤게모니 국가의 위협적인 힘보다는 합의된 지도력의 특징에 더 많이 주목했다. 클라크(2011)의 경우 '정당성'의 형태로서 헤게모니의 중요성을 강조한다. 즉, 헤게모니는 개별 국가에 '우위성'을 부여하는 것이 아니라, 상호 의존적 국가라는 '집단' 사이에 공유하는 규범과 가치의 복합체를 일컫는다. 국제관계 이론의 '영국학파'와 헤들리 불Hedley Bull(2002)의 연구를 발전시킨 클라크는 헤게모니 지도력을 지배 국가와 공유하는 이데올로기와 이해관계로 구성된 지배의 "선택적인 추가 요소"가 아니라, **"세계를 주도할 자원을 가진**

국가에 부여된 특별한 권리와 책임이라는 제도화된 관행"(클라크Clark 2009: 24; 강조는 원문에서 표시함)이라고 본다. 여기서 '제도'는 단순히 조직이 아니라, 이를테면 전쟁, 외교, 무역 등에 관한 공통의 관행과 기준이며, 이를 통해 국가들은 공동의 책임을 진다. 지도력은 경제력이나 군사력과 같은 동일선상의 확장이 아닌, 다른 국가들이 하나 이상의 강대국에 기꺼이 **부여한** 인정의 지위이다.

클라크는 이런 식으로 방향을 전환하여 헤게모니의 객관적 차원에 초점을 두고 있던 현실주의의 좁은 시각 대신, 더 확장된 주관적 차원으로까지 주목하게 된다. 이는 보다 관계적이고 역사적으로 가변적인 설명을 제공하여, 한 국가의 권력에 기반한 고정된 구조로 보는 국제적 헤게모니의 경직된 단순한 생각을 복잡하게 만든다(왓슨Watson 2007 참조). 클라크는 정당성의 '역동성'을 국가들이 '자발적으로 준수하는' 조건으로 말하는데, 이는 형태와 범위가 매우 가변적이다. 이러한 헤게모니는 때로 19세기 나폴레옹 이후 강대국들과 약소국들이 국경을 존중하고 분쟁을 외교적으로 풀기 위한 법적 '합의'였던 '유럽 협정'*처럼 '집단' 형태를 띤다. 그런가 하면 헤게모니는 유럽 밖의 지역에서 영국이 맡았던 굴지의 경

---

* **Concert of Europe,** 오스트리아, 러시아, 영국, 프로이센 사이의 4국 동맹을 말함.

제적 역할을 인정하는 데만 국한되었던 팍스 브리태니커Pax Britannica와 같은 '단독 형태'일 수 있다. 한편, 클라크는 20세기 미국이 주도한 헤게모니를 '연맹 형태'로 묘사했는데, 그 이유는 이에 대한 동의가 금융, 안보, 정치 문제 기구에 참여한 제한된 동맹 집단에서 나왔기 때문이다.

따라서 주류 국제관계학에서 헤게모니는 국가 간의 위계적인 권력관계를 통해 국제 질서가 구조화되는 방식에 영향을 준다. 현실주의자들에게 지배 국가는 정치권력이 존재하는 주요 장소이며, 이런 국가의 외교 정책은 모든 체제에 매우 중요하다. 하지만 클라크가 보기에, 합의에 의한 기준이 지배하는 덜 위계적인 국제 체제에서는 정치가 사라진다.

그람시와 국제관계

주류 국제관계 담론에서 헤게모니는 일반적으로 주권 국가, 국제 기구와 제도, 엘리트 활동, 그리고 이들이 상호 작용을 통해 위협과 합의를 결합하는 것과 관련된다. 하지만 국제관계에 대한 마르크스주의 접근방식은 국가와 엘리트만이 아니라, 이들에게 영향을 끼치는 보다 광범위한 자본주의 구조와 계급 주체에도 비판적인 초점을 맞춘다(로젠베르그Rosenberg 1994; 조세프Joseph 2002 참조). 마르크스주의자들에게 자본주의는 늘 기회를 활용하여 이윤을 창출할 목적으로 국경과 다른 장애물을 무자비하게 파괴하는 세계화 세력으로 이해되었다. 이런 맥락에서 자본주의는 제도적 권위와 독립성에 대한 주장에 끊임없이 도전한다. 국제적인 시각에서 이런 상황은 헤게모니에 대한 우리의 이해를 어떻게 변화시킬까?

물론 자본주의를 전 지구적 현상으로 바라보는 방식에 관해서는 마르크스주의자들 사이에도 상당한 차이가 있다. 레닌의 경우 '독점 자본주의'를 국민국가와 자본의 금융 부문이 힘을 합쳐 국내시장을 공격적으로 확장하는 독특한 단계로 이해했다(레닌Lenin 2010). 많은 마르크스주의자들은 새로운 시장을 찾고 통제하려는 '제국주의' 싸움이 1차 세계대전으로 이어졌다고 여겼다. 하지만 이런 생각은 국가를 미리 주어진 이해관계의 단순한 암호로 여기는 바람에 경쟁 논리에 대한 광범위한 변형과 저항을 설명하기에는 부족하다. 반면, 임마누엘 월러스타인Immanuel Wallerstein(2004)의 '세계체제론world systems theory'은 더 복잡한 그림을 제공한다. 월러스타인에게, 전 세계는 자본과 노동의 불균등한 분포로 인해 특정 지역마다 다르게 작동하는 역동적인 통합경제 체계이다. 모든 국가가 동일한 역경이나 역량을 가지고 있는 것은 아니지만, 각국은 세계 노동 분업의 '핵심부', '반(半)주변부', '주변부' 위치 중에서 자국의 위치에 적합한 방식으로 세계 경제에 통합되어야 한다. 세계체제론은 계급을 강조하는 독점 자본주의론을 더욱 구조 지향적 설명으로 바꿔놓는다. 여기서 국민국가는 지배계급의 도구가 아니라 불평등하게 배분된 자본을 필요로 하는 상호 의존적 행위자이다. 헤게모니 국가는 세계 체제를 유지하고 확장하는 과정에서 다양한 단계에 등장하여 다른 국가들을 이끈다.

이 두 접근방식은 국가를 대체로 또 다른 권력의 원천 도구, 즉 자본주의 계급 또는 자본주의 체제의 불균형한 구조적 명령으로 다룬다. 그 결과 헤게모니는 (굳이 표현한다면) 협소한 계급 이익의 추구를 넘어, 정치와 전략적 타협의 여지를 거의 제공하지 않는 지배의 한 형태로 일방향적 경향을 띤다. 이와 달리 로버트 W. 콕스는 1980년대 국가를 실체화하는 현실주의적 관점과 국가의 의미를 축소하는 마르크스주의적 경향과는 다른 관점을 제시했다(콕스Cox 1987, 1993 참조). 콕스는 헤게모니에 관한 그람시의 통찰을 국제관계 분야에 적용하려고 노력했다. 이 과정에서 그는 세계 질서를 만드는 데 자본주의와 국가들의 복잡하고 다층적인 상호 작용을 강조했다.

콕스에 따르면, 한 국가의 국제적 패권supremacy은 특정 자본주의 모델을 확장하는 데 선도적 역할을 하는 것과 관련하여 이해되어야 하며, 따라서 헤게모니를 독단적인 세력이나 '제국주의에 대한 완곡한 표현'으로 생각해서는 안 된다(1993: 60). 콕스는 "세계질서는 사회적 관계에 근거한다"고 주장한다(1993: 64). 국제적 차원에서 헤게모니는 "모든 국가에 침투하여 다른 부수적 생산양식을 연결하는 지배적 생산양식을 가진 세계경제 내 질서"의 개별적 패턴과 역사적 단계를 설명한다(1993: 62). 세계경제는 종속 국가들이 인정하고 준수할 기준과 기구, 그리고 공유하는 우선순위에 대한 합의에 달려 있다. 콕스는 비록 그람시가 국제관계 이론을 개발하지 않았다고 하더라도, 그의 개념 구조는 국제관계론에 매우 적절하다고 주장했다(모턴Morton 2003a; 비엘러 등Bieler et al. 2015 참조). 특히 그람시의 국가 개념은 협소한 정치 동맹을 넘어 점진적으로 확대되는 합의적 관계의 중요성을 강조했는데, 이는 국내만이 아니라 국제적으로도 적용된다. "세계질서의 헤게모니 개념은 국가 간 갈등의 규제만이 아니라 세계적 차원에서 구상된 시민사회에 기초한다"(1993: 61).

따라서 국제적 헤게모니의 다양한 단계는 한 나라의 지배계층 영향력이 자국을 넘어 국제기구, 공공 및 민간 기관, 단체, 엘리트로 이루어진 전 세계의 시민사회로 확장하는 것에 의해 뒷받침된다. 예를 들어, 팍스 브리태니커는 자유 무역의 일반적인 수용, 금본위제에 의한 지원, 위압적인 최종 보증인으로서 영국 해군력에 대한 인정이 전제되었다는 점을 콕스는 강조한다. 이렇게 하여 영국의 헤게모니는 자유 무역 자본주의의 조건을 확보했다. 혼란기가 지난 후, 헤게모니는 전후 미국의 지도력(다시 말해, 팍스 아메리카나)을 기반으로 재구성되었는데, 이는 미국의 군사적 우위를 바탕으로 경쟁적인 무역 블록에 기반한 경제 질서를 지탱했다. 서구권에서는 세계은행과 북대서양조약기구와 같은 기구의 지원을 받아, 케인스의 수요관리 및 계획 전략과 혼합 경제mixed economies로 복지국가를 이루었다.

콕스에게 중요한 것은 세계의 헤게모니 질서가 오로지 물질적인 권력 분배에 의해 구조적으로 결정되는 것이 아니라, 정치적이고 이데올로기적인 결과라는 점이다. 그는 그람시의 '진지전'과 '역사적 블록' 개념을 빌려와서, 헤게모니를 다음과 같이 제시한다. 우선, 헤게모니는 지배적인 생산 체계를 중심으로 국내 헤게모니를 장악할 목적으로, 국가 수준에서 이루어지는 '사회 세력들'(계급뿐만 아니라 다른 사회집단, 엘리트) 간의 투쟁과 타협의 결과물이다. 국가 수준에서 헤게모니가 확보된 다음에는, '보편적으로' 적용이 가능한 것으로 받아들여지는 원칙, 가치, 규범, 행동 규칙을 통해 국경을 넘어, 더 넓은 국제 환경을 조성하고 주변부 국가로 확장하면서 저항을 무력화할 수 있다. "이렇게 하여 세계 헤게모니는 처음에는 지배적인 사회계급이 확립한 내부(국가) 헤게모니의 외부 확장이다. 이러한 국가 헤게모니와 관련된 경제와 사회제도, 문화, 기술은 해외에서 모방할 수 있는 패턴이 된다"(1993: 61).

물론 이런 확장은 단순히 한 국가의 이익을 확보하는 데 그치지 않고 구조화된 이해관계, 정치 조직, 이데올로기적인 원칙을 결합하여 안정적인 관계 구성을 구축하는, 제도의 형성과 타협을 이끌어내는 길고 느린 과정이다. 예컨대, 국가 간 무역협정은 정책 목표를 일치시키면서 정책을 조율하고, 갈등을 줄이고, 비슷한 역량과 이데올로기적 관점을 가진 엘리트를 양성하는 데 도움을 준다. 이 모든 것은 "지배 국가가 국가 간 헤게모니 구조 안에서 권력의 위계질서에 따라 다른 국가들의 묵인을 확보하도록" 보장한다(1993: 63).

현실주의에 대한 콕스의 대안은 특히 국제 정치경제학에서 '신그람시주의' 분석의 한 흐름을 위한 토대를 마련했다(길Gill 1993; 모턴Morton 2003b; 워스Worth 2015: 71–6 참조). 이는 국제 자본주의의 변화와 다양성, 특히 미국의 글로벌 지도력에 관해 역사적으로 초점을 맞춘 독특한 연구를 촉진시켰다(오겔리와 머피Augelli and Murphy 1988; 길Gill 1990; 루퍼트Rupert 1995 등 참조). 권력을 둘러싼 정치적 투쟁에 대한 새로운 인식이 국제적 헤게모니에 대한 논의로 회귀한 것은 바로 이러한 연구에서

였다. 앞서 언급한 클라크와 마찬가지로, 콕스도 헤게모니를 단순히 강압적인 힘의 지배가 아닌, 국가 간 합의에 기반하고 있는 지도력 모델로 이해했다. 하지만 그는 클라크와 달리 이러한 합의를 더 심층적인 경제적 과정과 사회세력에 관련지어 생각할 것을 주장하고, 이를 생산적인 특정 이해관계의 확대로 이끌려는 전 세계적 노력의 일부로 보았다. 하지만 워스가 지적하듯이, 그럼에도 불구하고 세계질서 시기에 대한 그의 국가 중심적 초점은 헤게모니 안정이론*과 비슷한 결론에 도달하게 했다(워스Worth 2015: 70-1).

사실, 콕스가 그람시의 개념을 국제 영역으로 확장한 것은 여러 측면에서 비판을 받았다(버넘Burnham 1991; 제르맹과 케니Germain and Kenny 1998; 페미아Femia 2005 참조). 예컨대, 그람시가 시민사회를 국민국가와 유기적으로 연결된 것으로 이해했지만, '글로벌 시민사회global civil society'는 동일한 영역이 아니라는 점이 지적되었다. 국가 내 시민사회는 '국민-인민적national-popular' 프로젝트로 통합되어 비교적 경계가 명확한 여러 조직들의 집합체인 반면, 글로벌 시민사회는 훨씬 더 분산되고 불균등하며, 실용성을 지향하고, 어느 한 국가나 획일적인 계급 프로젝트에 공공연히 동조하지 않는다. 이 때문에

---

* 국제 질서가 하나의 강력한 패권국이 존재할 때 가장 안정적이라는 이론.

그람시가 제안했던 국가 중심으로 합의를 이루는 이니셔티브 initiatives에 콕스의 주장은 덜 부합한다.

워스의 평가에 따르면, 단일한 강대국이 공간을 확장하는 것에만 맞추어 헤게모니를 모델링할 경우 그람시의 사상을 국제사회에 적용하는 것은 계속해서 "혼동"을 유발한다(2015: 76). 하지만 초점을 지배 국가에서 특정 질서를 추구하는 이데올로기와 제도적 전략으로 바꾼다면, 자본주의의 새로운 우선순위*가 어떻게 공고화되는지에 대한 보다 미묘한 차이를 알 수 있다. 이런 식으로 헤게모니는 국가가 배타적으로 주도하는 프로젝트보다는, 지배적인 경제 질서를 확립하는 훨씬 더 불균등한 **과정**을 설명할 수 있다(로빈슨Robinson 2005 참조). 워스가 시사하듯이, "헤게모니는 국가라는 렌즈보다는 다른 무엇보다도 중요한 이데올로기라는 렌즈를 통해 바라보아야 한다"(2015: 107)는 측면에서 그렇다. 이 점은 특히 새로 부상하는 글로벌 세계질서 분석에 적합하다.

---

* **자본주의의 새로운 우선순위는** 과거와 다른 미래의 자본주의에서 중요하게 여겨지는 가치, 목표, 작동 방식을 의미함. 과거에는 제조업 중심의 성장, 국가 경제의 발전 등이 중요한 우선순위였다면, 현재는 금융, 지식, 환경, 디지털 경제, 그리고 기업의 사회적 책임, ESG(환경, 사회, 지배구조) 경영과 같은 가치가 새로운 우선순위로 볼 수 있음.

새로운 글로벌 질서?

한동안 세계화globalization는, 특히 소비에트 연방과 동유럽 공산주의가 붕괴하면서 냉전이 종식되고 자본주의에 대한 현실적 대안 가능성이 나온 이후, 대중과 학계에서 논쟁의 화두가 되었다. 1990년대에는 국가 간 장벽이 무너지고 오랜 갈등이 사라지면서 전지구적으로 보다 통합된 새로운 세계로 나아갈 수 있다는 기대감도 커졌다. 세계화는 무역 확대, 시장 성장, 새로운 고용과 소비의 기회로도 설명되었다(허스트와 톰슨Hirst and Thompson 1999). 여기에는 국경에 구애받지 않는, 소통하는 '네트워크'를 통해 점점 더 '연결된' 세상을 촉진하는 기술의 확산도 포함되었다(카스텔스Castells 2010). 국민국가 시대는 분명 후퇴하고 있었으며, 보다 개방적이지만 동시에 불확실한 세계가 도래하고 있었다(홀턴Holton 1998). 그렇다면 어떠한 세계 질서가 나타났을까?

세계화가 진행됨에 따라, 주류 국제관계학자들은 이 새로운 환경에서 미국이 어떤 역할을 해야 하는지를 두고 논쟁을 벌였다. 미국은 이제 단극적 패권국인가? 아니면 다극적 세계에서 단순히 '쇠퇴하고 있는' 것인가? 소비에트 연방의 위협이 사라진 상황에서 미국의 지배력을 어떻게 평가할 것인가(워스Worth 2015: 60-1)? 미국이 주도하는 군사적 개입의 다양한 사례(예를 들어, 이라크와 아프가니스탄)는 단극적 지배가 추구하는 역할이라는 인상을 줄 수도 있다. 2001년 9월 이슬람주의자들의 미국 공격은 초기 탈냉전 시대의 상대적 낙관주의와의 단절을 확실하게 촉발시켰고, '매파적hawkish'* 현실주의 원칙을 다시 표면화했다. 그러나 전반적으로 그러한 개입은 선택적이었고, 어떤 경우든 장기적으로 지속될 수는 없었다. 그럼에도 불구하고 보수성이 약한 사상가들이 보기에도 미국은 냉전에서 벗어나면서 해결해야 할 '권위의 위기'를 안고 있었다. 하지만 일각에서는 미국이 강압적인 권력을 행사하기보다는 강력한 자유주의 제도에 기반한 국제 질서를 이끄는 지도자로서의 권위를 재확립해야 한다고 주장했다(퍼거슨Ferguson 2005; 이켄베리Ikenbury 2011). 반면, 클라크(2009)는 장기적으로 새로운 형태의 국제사회를 정착시키는 데에 미국의 역할이 있음을 시사한다. 미국은 아직 선도적인 세계적 강대국임이 틀림없었기 때문에 이 과제를 수행할 수 있는 유일한 국가이지만, 무엇보다도 새로운 국제 질서는 자유주의의 규칙과 자유를 공동으로 확립하는 유엔과 같은 기구를 강화하는 것이 필요했다.

---

* **hawkish,** 자신의 이념이나 주장을 관철하기 위해 타협하지 않고 강경한 입장을 고수하는 경향을 말함.

이와 달리 신그람시주의자들에게 새로운 글로벌 질서는 미국의 권위를 복원하는 일에 관한 것이 아니라 세계 생산 질서를 확장하는 일이다. 이 질서는 시장경제 원칙을 거의 모든 생활영역으로 확장하여, 기존의 경계를 허물고 새로운 적대를 만들어내는 것이 전제된다. 일반적인 과정으로서 세계화는 마르크스주의자와 급진적 비평가들에 의해 '신자유주의'와 관련된다. 다시 말해 신자유주의는 시장 메커니즘을 전 세계에 공격적으로 촉진시키는 일이다. 온건한 형태의 자유주의 질서와 달리, 신자유주의는 어떠한 민주적 국민정치 형태로도 거의 견제받지 않는 침습적이고 징벌적 세력으로 나타나는 경우가 많다(하비Harvey 2005). 세계화는 자주 '자연스러운' 또는 합리적인 시장 원리의 확장으로 설명되지만(그레이Gray 2009), 실제로는 의도적인 정치적·이데올로기적 프로젝트가 된다. 여기에는 시장 메커니즘의 확대 적용과 국내 경제의 국제적 경쟁 및 투자 개방을 통한 경제력의 제도화, 핵심 생산 분야의 탈산업화와 신흥 산업국으로의 생산 이전, 규제 완화, 민영화, 신기술에 대한 의존도 심화, 경쟁력 강화를 위한 시장 규율로 복지국가의 역할을 포기하는 것이 포함된다(루퍼트Rupert 2000). 국민국가가 (국가마다 다양한) 이런 조건들을 충족하려면 국내 정책을 상당 부분 조정하고 새로운 동맹과 체계를 구축해야 한다.

길과 로Gill and Law(1993)에 따르면, 이러한 글로벌 질서는 물질적인 경제 세력과 이념적이고 정치적인 조직 형태와의 독특한 결합인, 새로운 '역사적 블록'을 향한 움직임을 구체적으로 나타낸다. 이 블록은 국가와 타협하려고 하지 않는 이른바 '초국적' 금융 계급과 기업들이 주도한다. 따라서 글로벌 자본주의는 초국적 자본이 국내 자본을 지배하는 급진적 변화가 수반된다(1993: 105-13). '포드주의' 전략이 복지정책을 통해 노동자를 민주주의 국가로 편입하여 경제와 정치를 통합했다면, 글로벌 자본주의는 이제 정치제도와 경제제도의 **분리**를 추구한다. 국민국가와 국제기구는 저임금 유지, 조세부담 감소, 숙련 노동자 공급, 기술혁신을 통한 절감과 같은 초국적 기업의 요구를 수용해야만 하는 것이다. 그 사이에 조직화된 노동자들은 실업 위협, 노동조합의 권리 약화, 이전 헤게모니 체제에서 누렸던 (연금과 같은) 혜택의 상실에 맞서 지속적으로 투쟁한다.

초국적 기업들은 경제협력개발기구OECD와 같은 정부 간 협의체, 국제통화기금IMF, 세계무역기구WTO, 세계은행, 미국·유럽·일본 삼자 위원회Trilateral Commission와 같은 글로벌 거버넌스 기구에서 영향력을 행사한다. 금융 이해관계 서비스망은 엘리트 계층에 정보를 제공하고, 자본의 글로벌 이동을 뒷받침하는 공동 전략 목표를 강화한다(길과 로Gill and Law

1993: 102–4). 이러한 네트워크는 채무국이 엄격한 시장 기반 원리에 따라 경제구조를 재편하도록 요구하는 이른바 "워싱턴 합의"*와 같은 국가 간 협정을 통해 강화된다(워스Worth 2015: 95–8). 길과 커틀러의 주장에 따르면, 국가 기구는 "규율적 신자유주의disciplinary neo-liberalism"라고 일컫는 것을 내재화하기 위해 법적, 정치적, 윤리적 제도를 장려하는 "신입헌주의"에 의해 형성되고 있다(길과 커틀러Gill and Cutler 2015). 여기서 규율적 신자유주의는 고도로 세계화된 자본을 뒷받침하는 세력 블록에 바탕을 둔 '시장 문명화market civilization' 프로젝트를 나타낸다. 입헌주의는 비록 균등하게 시행되고 있지는 않지만, 경쟁을 가능하게 하고, 시장 기회를 확대하며, 정치 질서를 형성하는 다양한 형태의 연대 가능성을 비합법화하는 법적, 정치적 장치를 제도화하는 것을 목표로 한다.

하지만 여기서 헤게모니가 변치 않는 불가피한 지배 구조를 설명한다고 가정하는 것은 오산이다. 오히려 다른 신그람시주의 분석에서는 글로벌 '권력 블록'의 개방적 특성을 강조한다(루퍼Ruper 2000: 15). 신자유주의는 견고한 권력 구조가 아니라 특정 규모와 생산활동이 이루어지는 곳 –가령, 독특한

---

* **Washington Consensus,** 미국과 다국적 금융자본이 미국식 시장경제 체제를 개발도상국 발전모델로 삼도록 하자고 한 합의를 말함.

인구 밀도와 자본을 가진 도시(브레너Brenner 2004) - 에서 일시적으로만 '바로잡는' 혁신과 변화를 와해시키는 과정이며, 따라서 항상 다른 국가나 국제적 공간 규모 또는 장소에 효과적으로 적합한 것은 아니다(제솝Jessop 2002). 개별 국가들은 동질적 단위로 존재하기보다는 경쟁을 강화하고 경제성장의 궤도를 개선할 기회가 생길 때마다, 특정 지역을 다른 지역보다 우선시하면서 자체적으로 국내외 전략을 선택적으로 조정할 수밖에 없다. 신자유주의 전략은 국가 간 조율과 협상을 요구할 수 있다. 하지만 결과적으로 이 전략이 장악한 헤게모니는 전후 수십 년 동안 서구사회에서 달성한 안정적이고 장기적인 합의 유형이 아닐 가능성이 크다.

글로벌 주체

생산과 거버넌스가 접합하는 이런 변화와 함께 새로운 합의 형태가 등장했다. 글로벌화되고 있는 세계의 특권적 주체로서 인식되는 '주권적 소비자sovereign consumer'에게 호소하는 것이 전형적이다. 주류 국제관계론적 접근방식은 헤게모니의 합의적 기반을 강조하면서, 국가 간 정치적 합의나 정당성의 규범적 틀에 대해 상세히 설명한다. 이와 달리 비평가로서 신그람시주의자들은 신자유주의적 합의가 지니는 모순과 일반적으로 논쟁의 여지가 있는 측면들을 강조한다(루퍼트Rupert 2000). 물론 이들은 포스트-마르크스주의자들이 말하는 보다 광범위한 문화와 담론 개념을 이용하기보다는, 계급 이데올로기(넓게는 이해관계의 표현)에 초점을 맞춘 익숙한 마르크스주의적 관점을 고수하는 경향이 있다(워스Worth 2015:76-85 참조). 그럼에도 신그람시주의자들은 신자유주의를 개인과 집단 정체성을 경험하고 합리화하는 새로운 방식을 도입하는 이데올로기 중심 전략으로 생각하는 보다 광범위한 급진적 비판에 기여한다.

예컨대, 많은 '글로벌 담론'의 매력적인 특징 하나는 온건하고, 다양하고, 포용적인 세계와 연결된 '보편적' 가치의 수용이다. 국가 전통을 수호하고 특정 문화에 대한 충성심에 기반한 이전의 세계 질서와는 달리, 전 지구적인 변화는 주관적 '성찰'을 촉진하고 자아정체성을 '분리시켜' 우리의 책임감이 한 지역을 넘어 확장된다는 점을 분명히 보여준다(기든스Giddens 1991 참조). 실제로 사회 정체성 개념은 점차 다면적이고 유연하게 인식되고 있으며 편협한 경계들, 위계질서, 뿌리 깊은 관습을 넘어 세상의 일부로 지지받고 있다. 이와 달리 비평가들은 이런 개념이 어떻게 글로벌 자본의 논리를 반영하고 뒷받침하는지를 강조한다. 신자유주의 경제학은 소비하는 시민이 무한한 기회를 제공하는 세계의 주체로서 교류하고, 구매하고, 투자하길 권장한다. 우리의 발목을 잡는 것은 세상이 아니라 '기업가'로서 준비가 부족한 우리 자신일 뿐이다. 따라서 우리는 끊임없이 자신에게 투자하고 부단히 재교육을 받아야 하며, 그럼으로써 새로운 글로벌 경제의 도전에 '유연하게' 적응하고 스스로를 '회복력 있게' 만들어 나갈 수 있다(챈들러와 리디Chandler and Reid 2016). 비평가들에 따르면, 이것이 세계의 뿌리 깊은 구조적 불평등을 은폐하고, '권한 부여'와 '선택'이라는 미명 아래 개인을 고립시킴으로써 가치의 잠재적 원천을 이윤을 위해 착취하여 인간의 자율성을 훼손시키는 왜곡된 이데올로기이다.

한때 자유주의자들은 세계화를 새로운 형태의 위임된 '범세계적' 민주주의에서 보다 큰 대화를 나눌 기회로 보았다(헬드Held 1995; 아키부기Archibugi 2008 참조). 하지만 실제로는 훨씬 덜 진보적이거나 해방적이지 못한 경우가 많았다. 주권적 소비자는 다른 사람들과 협력하여 합리적으로 행동하는 자의식과 시민의식을 지닌 자율적인 자유주의적 주체가 아니라, 끊임없이 위험을 감수하고 계속해서 해방의 지평을 축소하는 예측 불가능한 세계 경제 속에서 시장의 자율 규제라는 굴욕을 겪어야 하는 불안정한 주체이다. 민주주의는 집단적 선택이 실제 대중과는 거리가 먼, 기관에 떠넘겨지면서 종종 '무의미해지고' 약화되기까지 했다. 신그람시주의자들은 이러한 전지구적 변화가 이른바 그람시가 "수동 혁명"이라고 부른 것, 즉 급진적인 구조변화를 가져오지만 실제 대중의 동의를 적극적으로 동원하지 않는다는 점을 상기시킨다(모턴 Morton 2007). 이는 경제적 근대화와 해방이 종종 군사독재를 통해 이루어진 자본주의 주변부 지역에서 국제적 헤게모니를 경험하는 과정에 흔히 나타나는 현상이다(멍크Munck 2013; 헤스케스Hesketh 2019 참조). 신자유주의적 세계 '질서'는 전반적으로 다소 불균등하고, 불안정하며, 또 많은 사람들에게 불안감을 안겨주는 것으로 드러났다. 부와 고용 기회의 격차가 엄청나게 증가하는 것 외에도, 새로운 전쟁과 글로벌 갈등 -2001년 9월 이후 무력 개입이나 시리아 내전 참사 등- 이 빈곤, 이주, 난민 위기를 야기하면서, 국가가 고도의 차원에서 효과적으로 협력할 능력이 있는지에 의문을 품게 했다.

보다 큰 민주주의적 포용과 합의 대신, 시장 이데올로기(그리고 이것을 확대하기 위한 지정학적 책략)는 더 큰 반발과 적개심을 불러일으켰다. 특히 이슬람 테러리즘과 같은 '근본주의' 정치의 부상과 서구 민주주의 국가에서 이민자에 대한 노골적인 적개심의 증가는 사회 정체성과 정치적 정체성의 확대가 아닌, 축소를 시사한다. 급진적 우파 포퓰리즘 형태로 나타난 보수층의 반발과 분노(3장에서 언급)는 글로벌 정치에서 가장 두드러진 국면으로, 대중적 합의에 한계가 있음을 뜻한다. 실제로 분노와 욕설이 난무하는 온라인 문화가 확산되면서 냉소적인 "문화 전쟁" 또는 기존 관습에 맞서는 청교도적 캠페인으로 주류 언론을 방해하고 바꿔놓기도 했다(네이글Nagle 2017 참조). 트럼프 대통령의 당선과 영국의 브렉시트 성공은 신자유주의가 자신의 심장부에서 상당한 저항을 불러일으킬 수 있음을 시사하는 대표적인 사례이다. 불평등과 불안정성(그리고 수십 년간 이를 옹호한 엘리트들에 대한 분노)이 낳은 절망은 결국 주체들의 깊은 분노를 불러일으켰으며, 이들 중 다수는 신자유주의 헤게모니로부터 자신을 보호하기 위해 종교 또는 인종 '공동체'의 주장에 의지한다. 심지어 이것이 비민주적 또는 폭력적인 행동을 의미하더라도 개의치 않는다.

이런 국면은 신자유주의 엘리트와 국가가 홍보하는 긍정적인 이야기가 평범한 사람들의 마음과 태도를 **완전히** 지배하는 것을 의미한다면, 결코 완전한 헤게모니 지위를 달성하지 못했음을 보여준다. 오히려 신자유주의 헤게모니가 엘리트와 국민국가를 설득하는 데 성공하더라도, 대중 저항에 직면한 불공정한 프로젝트로서 이해하는 것이 더 타당하다.

대항 헤게모니

주류 국제관계학자들은 헤게모니를 대체로 지지하고 미국 주도의 세계를 안정적이고, 실용적이고, 개방적인 국제 체제의 원천으로 여긴다. 반면, 신그람시주의자들은 대부분 이 입장에 반대한다. 이들은 마르크스주의자로서 (그리고 대개는 반자본주의자들과 마찬가지로) 인간의 자유를 제한하고 세계의 방대한 지역을 무자비한 착취 논리에 종속시키는 신자유주의 헤게모니를 치명적이고 부당한 프로젝트로 간주한다. 또 이들은 앞서 언급했듯이 엘리트 기구와 초국적 동맹이 민주주의를 사실상 무시하고 사회정치적 국가 구조에 수동 혁명을 강요하는 것을 경계한다. 이런 이유에서 신그람시주의자들은 종종 초국적 기업과 신자유주의 거버넌스 권력으로부터 사람들을 해방시키는 급진적·토착적·반자본주의적인 대중 사회운동과 계급투쟁을 지지한다.

이런 비판적 입장은 자주 '대항 헤게모니Counter-Hegemony'에 대한 지지로 말해진다. 그런데 그람시는 '대항 헤게모니'라는 용어를 사용하지 않았다. 그의 목표는 자본주의에 '대항하는 것'이 아니라, 새로운 헤게모니 질서를 구축하여 자본주의를 대체하는 일이었다. 하지만 그런 열망은 대안적인 국제적 '역사적 블록'이 존재하지 않는 글로벌 시대에는 (그람시가 1930년대 소비에트 연방을 통해 가능하다고 믿었던 것처럼) 실현될 가능성이 거의 없었다. 콕스가 말했듯이 "세계 질서에 변화를 유발하는 어떠한 전략도 전부 환상으로 취급해서 배제될 수 있다. 국제 기구라는 상부구조를 급진주의자들이 장악하여 국제적 차원에서 기동전이 성공할 가능성은 거의 없다"(1993: 64). 대신, 그는 이어서 이렇게 말했다. "우리는 세계 질서를 변화시키는 문제를 국제 기구에서 국가 차원으로 바꿔야 한다." 대항 헤게모니는 대개 지역 투쟁을 지원하고 대안적 블록을 옹호하는 '기층base'의 서발턴 계급과 동맹을 구축하여, 자본주의의 확장 물결을 억제하고 거부하는 것을 의미한다(모턴Morton 2007: 171-200).

이런 입장의 전반적인 지향점은 특히 남반구와 북반구 전역에 걸쳐 힘이 없고, 소외된 계층과 원주민들을 중심으로 '사회 정의'에 대한 수많은 요구에 기반한 해방적 윤리를 뒷받침한다. 미국에서 일어난 '점거' 운동*, 멕시코의 '사파티스타' 공동체**(모턴Morton 2007: 190-7 참조), 그리고 신자유주

---

* **'Occupy' movement**, 불평등, 빈부격차, 기업 권력 등에 맞서 전 세계적으로 일어난 일련의 시위. 2011년 9월 미국 금융 중심지인 뉴욕 월가를 점거하고 "1%"에 대한 "99%"의 우려를 강조하자는 것으로 시작되어 전 세계로 빠르게 확산됨. 지도자 없는 구조, 합의에 기반한 의사결정, 공공장소 시위가 주요 특징임.

** **'zapatista' communities**, 멕시코 치아파스주를 기반으로 활동하는 무장 혁명 단체인 사파티스타 민족해방군을 중심으로 한 공동체.

의 세계화에 대한 대안을 모색하는 대화를 마련하기 위한 유럽사회포럼*과 그 밖의 활동들이 전형적인 대표적 사례이다. 이런 활동은 보통 저항 형태의 뚜렷한 이해관계와 서로 다른 방법을 가진 매우 다양한 운동으로 전개된다. 하지만 종종 독특한 국제적 관점을 나타내며 지역과 국가, 또는 지방 단위의 반대를 전 세계 지배구조의 확장과 명확히 연결시킨다. 따라서 대항 헤게모니 운동은 그람시의 혁명적인 현대의 군주 형태를 나타낼 가능성은 거의 없다. 하지만 일각에서는 시민사회 전반의 다양한 대중운동 네트워크나 '집합적 지식인'이 투쟁을 통합하고 조정하기 위해 등장할 가능성은 여전히 남아 있다고 본다(모턴Morton 2007: 207-8)

이런 점에서 대항 헤게모니에 대한 일부 신그람시주의자의 입장은 급진 민주주의를 주장하고, 동시에 신자유주의의 반대자로 자처하는 포스트-마르크스주의자와 핵심적인 측면에서 궤를 같이한다. 무페의 경우 시민사회 운동과 대중 집회를 통합하는 '민주적 초국가주의'와 '다극적' 세계 질서를 주장한다(무페Mouffe 2005: 90-118). '범세계적 민주주의'를 주창하는 자유주의자들에 맞서, 무페는 이것이 국제사회의 다

---

* European Social Forum, NGO, 난민, 환경 운동 등 유럽과 전 세계의 네트워크가 함께 모여 유럽 및 글로벌 관련 주요 문제와 주제를 논의하고 캠페인 및 아이디어를 공유하며 조직 전략을 개선하는 것이 목적임.

양성과 불균등을 제거한다고 보고, 다원성과 차이에 대한 인정을 촉진하기 위해 지역적 세계 블록의 새로운 균형을 제안한다. 아울러 좌파 포퓰리즘에 대한 라클라우와 무페의 호소는 서발턴과 반자본주의 집단을 결집하는 다양하고 우연적인 '운동들의 운동movement of movements'이라는 개념과 한데 수렴된다.

결론

국제적 차원에서 헤게모니를 탐구하는 것은 국민국가의 경계를 넘어 더 넓은 정치 지평에 우리의 관심을 집중시키는 동시에, 국가가 기능하는 방식에도 영향을 미친다. 국민국가는 전 세계에서 펼쳐지는 전략적 외교와 무역정책의 선택, 구조적인 경제적 과정과 매우 밀접하게 관련이 있는데, 세계화되고 있는 자본주의 시대에는 훨씬 더 그런 면이 강화된다. 하지만 국제정치에서 헤게모니에 대해 언급한 내용을 살펴보면, 이 용어가 특정 학파에 따라 상반되는 의미와 기능을 지닌다는 것은 분명하다. 어떤 사람들에게는 보다 넓은 체제에서 강력한 한 국가의 우위를 의미한다면, 다른 사람들에게는 국제 체제를 특정 세계질서에 묶어두는 공통 기준과 기구를 나타낸다. 하지만 동시에 또 다른 이들은 물질적 생산 체계의 불균등한 확장으로 해석한다. 각각의 주장은 권력에 대한 강조점이 다르며, 강압과 동의의 결합 방식에 대한 이해도 다르다. 나아가 헤게모니의 윤리적 의미를 바라보는 관점도 각기 다르다. 보수주의, 자유주의, 급진주의 접근방식은 모두 그 자체로 양립할 수 없는 관점을 지니고 있기 때문이다.

국제적 차원에서 헤게모니 개념을 적용하는 것은 국민국가 내부에서보다 더 복잡하다는 것은 분명하다. 헤게모니에 대한 '국가 내부 차원'의 설명과 비교할 때, 주요 차이점은 어느 정도 확정된 국경과 정치 영역을 통합하는 영속적인 권위는 없다는 것이다. 따라서 국제적 헤게모니 개념은 어떤 이론적 접근방식으로도 쉽게 파악할 수 없는 광범위한 현상을 설명해야 하는 부담이 있다. 국제정치는 지역 또는 세계적 권위를 확고히 하려는 강대국과 기준을 공유하고 다른 국가에 책임을 묻는 제도적 레짐regimes이 존재한다. 또 경제적 교류에 대한 한계를 설정하고 파괴하기도 하는 물질적 이해관계와 과정이라는 특징을 동시에 지닌다는 것은 의심의 여지가 없다. 또 헤게모니가 어디에서 확인되든, 이에 대한 논쟁은 언제나 존재한다. 어떻게 활용되든, 국제적 헤게모니를 견고한 구조보다는 과정으로, 배타적이거나 최종적인 목적지보다는 실제적이고 잠재적인 여러 전환점을 지닌 하나의 이동 방향으로 우리에게 경각심을 주는 수단으로 생각하는 것이 더 나을 것이다. 신자유주의 세계화의 경우 특히 그렇다. 이는 언제나 하나 또는 여러 국가의 지배, 초국적 계급들과 국제기구에 대한 그들의 영향력, 학문적 이데올로기와 주체성의 형태와 관련되지만, 동시에 국제 세력의 흐름을 제한하거나 억제하는 저항 형태와도 연관된다.

따라서 국제적 접근방식은 적용 방법에 대한 선택의 여지가 있는 경우 해석 틀로서 헤게모니의 위상을 강조하는 데 도움이 되기도 한다. 그런데 다음 장에서 살펴보겠지만, 이런 선택들은 주로 다른 여러 세력에 어떤 방향성을 확고히 하는 것을 목적으로 하는 지도력 형태에 초점을 맞추고 있으며, 이해를 돕기보다는 제한하는 것으로 여겨질 수 있다. 헤게모니 없는 정치가 과연 존재할 수 있을까?

6장

헤게모니의
종말?

20세기에 헤게모니가 성공했다면 권력과 지배의 본질에 관해 질문을 제기할 수 있는 그 능력에 있었다. 헤게모니는 권력을 고정되거나 강압적 질서가 아닌 유연한 관계의 장field으로 다룸으로써, 정치(또는 권력 투쟁)를 점진적으로 지도력을 확장하고 실제 또는 잠재적인 반대자를 지지자로 바꾸는 등의 전략적 활동으로 제시한다. 국가와 경제, 또는 문화체계와 같은 지배 구조는 폐쇄적이고 독자적인 레짐*이라기보다는 조

* regimes, 일반적으로 정권, 체제, 제도, 통치 방식 등을 의미하며 정치, 사회 국제관계 등에서는 특정 질서나 규칙을 의미함.

율된 방향으로, 도덕적 또는 지적으로 받아들이게 하는 사회 구성물이다. 헤게모니의 초점과 범위는 다양한 접근방식에 따라 달라지지만, 앞서 살펴본 바와 같이 그 분석적 강점은 바로 이 핵심적 통찰에서 비롯된다. 그렇다면 헤게모니의 기본적 차원들과 관련된 질문을 다음과 같이 제기할 수 있다. 어떤 특정 전략과 동맹이 권력을 유지하는가? 주체들이 권력을 지지하도록 어떻게 설득되는가? 권력으로부터 어떤 대안적 권력관계를 얻어낼 수 있는가?

이와 달리 헤게모니를 쥔 권력과 지배의 범위가 한 장소에서 (전략적으로 조직된) 더 넓은 영역으로 바뀔 경우, 그럼에도 통합의 중심이 존재한다는 사상이 계속 되풀이되는 것은 아닐까? 헤게모니는 인정하기 싫은 현실을 전적으로 거부하는 대신, 단지 그런 현실의 **허구적** 대체물은 아닐까? 지도력과 지배를 구분하는 경계선이 불분명하다는 것은 권력이 결코 완전히 없어질 수 없으며, 다만 다르게 협상할 수 있을 뿐이라는 점을 시사한다. 따라서 일부 비평가들은 헤게모니 개념이 정치 일반의 주제로 받아들여질 경우, 이 개념이 주장하는 바로 그 반대, 즉 다양성보다는 통일성을, 차이보다는 동일성을 우선시하는 국가주의 정치를 재생산하는 것은 아닌지 의심한다. '대항 헤게모니'는 지배 구조를 불안정하게 만드는 것처럼 보이지만, 암묵적으로는 동일한 유형의 질서 원칙에 여전히 매여 있다. 헤게모니는 세계의 불가피한 복잡성을 인정하고 차이를 수용하기는커녕, 우리를 무력하게 만드는 지배의 정치politics of mastery로 되돌릴 뿐이라는 주장도 있다. 급진적 정치 비평이 진정으로 정의와 해방을 촉진하는 것이라면, 헤게모니는 종식되어야 한다. 일각에서 주장하듯이, 오늘날의 권력과 저항 형태는 '포스트-헤게모니post-hegemony'로 묘사되어야 할 것이다(래쉬Lash 2007; 비즐리-머레이Beasley-Murray 2010).

이 마지막 장에서 나는 헤게모니에 대한 비판적 반응을 권력과 정치를 이해하기 위한 일반적 틀로서 탐구한다. 이런 비판들은 실증적인 범위나 초점에 대한 단순한 비판을 넘어, 헤게모니를 더 이상 존재하지 않는 분석 방식으로 간주한다. 즉, 헤게모니는 국가 중심 시대에서 비롯된 다소 투박한 개념으로서 현대 권력의 작동 방식을 제대로 설명하지 못하며, 그 결과 이에 저항할 진정한 창의적인 방식을 제공하지 못한다는 것이다. 여기서는 근본적으로 다른 철학적 존재론이 작동하는 방식에 자주 영향을 미쳐, 주체들이 어떻게 권력에 동원되고, 나아가 권력으로부터 해방되는지를 이해하는 대안적 방식을 제시한다.

헤게모니 없는 급진 정치

나는 권력에 대한 헤게모니 모델이 넓게 보면 국가 구축 모델이라고 주장해 왔다. 즉 이 모델은 단일 지점에만 고정되어 있기보다는 비교적 개방적인 관계의 지형에 다양한 집단과 세력을 조직하고 연결하는 과정이다. 헤게모니 정치이론가들은 이 모델이 확장되는 방식에 대해서는 의견이 달라도, 정적인 지배 중심보다는 전략적으로 연결을 구축하고 유지하는 활동을 더 중시하는 '수평적' 확장 과정으로 이해하는 경향이 있다. 하지만 지배 중심이 완전히 사라지는 것은 아니다. 헤게모니는 여전히 그 자체의 다양한 구성요소를 연결하는 어떤 '수직적' 질서 원칙과 제도, 또는 행위자를 우리에게 알려준다. 이는 최근 주권 국가가 자국민을 강압적으로 억누르기보다는 점점 더 통합에 기대는 새로운 대중정치 시대가 등장하면서, 그람시 사상에서 비롯된 헤게모니 개념을 다수가 사용한다는 의미이기도 하다.

많은 급진적 비평가들에게, 헤게모니는 정치를 적어도 암묵적으로는 특권적인 중심부를 중심으로 하는 통합 프로젝트라는 관점에서 생각하는 국가주의 논리를 고수한다. 비록 이 중심부가 거의 유일한 초점이 되는 경우가 드물거나 다른 것과 접합되는 방식에 따라 필연적으로 변형된다고 해도, 헤게모니 전략은 여러 분파들이 공통성을 부여하는 어떤 특권적 지점에서 만나야 한다고 전제한다. 그람시에게 그 중심부는 국가, 또는 사회계급이 국민-인민적 '집단 의지collective will'를 결집하는 정당이었다. 자본주의 국가, 대처리즘, 포퓰리즘, 국제 정치를 분석하는 데 헤게모니를 적용한, 후대 마르크스주의자들에게는 그 중심부가 계급 프로젝트 또는 지배적인 대중 서사였다. 헤게모니의 중심으로서 계급의 필요성에 이의를 제기하는 급진 민주주의자들도 다른 모든 투쟁이 결집하는 주요 적대 관계 또는 '비어 있는 기표empty signifier'를 여전히 강조한다. 마찬가지로 국제관계학의 신그람시주의자들은 조직화된 사회세력(국가, 계급, 초국적 기구) '블록'과 국제적 헤게모니를 확보하는 이데올로기 프로젝트를 강조한다. 따라서 헤게모니 정치의 전략적 차원은 다양한 구성요소 간 관계를 질서 있게 만드는 어떤 조직화된 중심부가 있다는 견지에서만 의미가 있다.

오늘날 헤게모니 비평가들은 국가 구축 모델에 기반한 권력 설명이 권위주의적 정치와 분석을 재생산할 것이라는 점을 우려한다. 정치의 궁극적 상황이 헤게모니를 장악하는 것이라면, 어떠한 대안 정치도 진심으로 받아들여지지 않을 것이다. 그렇지 않으면, 우리는 '국가와 비슷한 시각으로만 보면서' 국가와 비슷한 정치만을 상상할 수밖에 없을 것이다. 이런 상황은 위계적 구조가 지닌 불가피한 불안정성과 노출을 우리가 인정하더라도, 권력이 주체들을 이런 구조에 편입시키는 **경향**을 (실제로 이루어지지 않는다 해도) 당연하게 여길 수 있다는 의미이다. 그렇게 하면 주요 집단과 제도, 또는 원칙이 결국 구현되지 않은 공허한 허구로 남더라도 '주권자'와 통합하는 '지배자'로 여길 것이다. 헤게모니 분석은 권력의 공간적 확장에 초점을 맞춘다고 주장할 수도 있겠지만, 정치권력은 단일하거나 그러해야 한다는 원칙에 암묵적으로 결부되어 있다.

이는 특히 집단적인 사회와 정치 투쟁을 하나의 프로젝트로 통합하려는 모든 정치에 대해 원칙적으로 반대하는, 무정부주의 전통 안에 있는 이론가들이 제기하는 문제이다. 예컨대, 리처드 데이Richard Day(2005)는 《그람시는 죽었다Gramsci is Dead》라는 흥미로운 제목의 책에서 다원성과 차이에 대한 헌신을 표방하는 포스트-마르크스주의자들을 비난한다. 그는 급진 민주주의에서조차 '대의 논리'에 의존하는 헤게모니는 이 논리에서 대체할 대상으로 주장하는 자유주의와 마찬가지로, 본질적으로 국가주의라고 주장하면서 다음과 같이 말한다. "불평등이나 권리의 부재 상황을 대변할 때 예상되는 결과는 피억압자의 정체성을 국가 기구가 **인정**하는 것이다"(2005: 75; 강조는 원문에서 표시함). 서로 다른 종속 집단을 통합하는 목적은 그들을 '통합시키고', 이른바 '자비로운' 헤게모니 질서를 그들의 해방 욕구를 위한 특권적 수단으로 만들기 위함이다. 데이의 관점에서 보면, 가장 혁명적인 해방 프로젝트를 오염시키는 지배적인 주인에 대한 권위주의적 종속 논리를 단순히 재생산할 뿐이다. 데이가 강조하듯이 "헤게모니를 장악한다는 것"은 **"스스로를 통치할 수 없다는 것"**을 의미한다(2005:47; 강조는 원문에서 표시함).

이와 유사하게 사울 뉴먼Saul Newman의 '포스트-아나키스트post-anarchist' 정치철학*은 정치권력을 사고하기 위한 어떤 절대적 질서 원칙 -즉 아르케**- 에 대한 이론적 비판을 제공한다(뉴먼Newman 2016). 이런 원칙은 정확히 주권 국가들과 그 경쟁자들이 사람들에게 지지받기를 **바라고**, 본질적으로 분산되어 통제할 수 없는 권력의 본질을 부인하는 것이다. 따라서 호전적이든 다원적이든 동일한 다른 버전을 추구하는 것은 발전이라고 보기 어렵다. 실제로 다수의 무정부주의 사상가들이 보기에, 오늘날의 반세계화와 반자본주의 투쟁은 자체적으로 조직된 다양한 새로운 형태의 급진 정치가 출현하고 있음을 보여주는 증거이다. 1999년 시애틀 세계무역기

---

* 사울 뉴먼의 '포스트-아나키스트' 정치철학은 전통적인 아나키즘, 즉 무정부주의 한계를 인식하고 포스트-구조주의 사유를 접목하여 발전시킨 새로운 형태의 정치이론.
** '아르케arché'는 맥락에 따라 '기원', '근본 원리', '지배' 등의 의미.

구WTO 시위*, 세계 곳곳에서 다양하게 일어난 '점거' 운동, 2001년 브라질 포르투알레그레Porto Alegre에서 시작된 세계사회포럼World Social Forum, 2011년부터 시작된 스페인 긴축정책 반대 운동인 '인디그나도스Indignados' 운동, 2013년 이스탄불 도시개발 반대 운동인 탁심 게지 파크Taksim Gezi Park 시위는 이들이 자주 거론하는 사례들이다. 이러한 사례에서 뉴먼은 헤게모니의 통일성이 아닌, '자율성'의 긍정적 면을 발견한다. 즉, "그러한 행동과 변화가 반드시 위대한 사회혁명Social Revolution으로 이어진다고 여기지 않고, 동시에 같은 관점에서 자신의 성공이나 실패를 가늠하지 않으면서 자신이 처한 즉각적인 상황과 관계를 변화시키려 하는 것이다"(2016: 12). 그는 "다른 모든 것을 결정하는 프로젝트의 프로젝트 Project of projects는 없다"고 주장하면서, 그렇지 않다고 선언하는 (헤게모니) 정치를 경계해야 한다고 말한다.

이는 노골적으로 국가주의나 권위주의 정치를 옹호한다고 해서, 포스트-마르크스주의 급진 민주주의자들과 그 외의 신그람시주의자들을 비난하는 일은 잘못이라는 것이다. 그럼에도 이런 비판은 헤게모니가 어떻게 정치적 관계를 상상하는 특정 방식을 부추기는지에 대한 중요한 핵심을 분명히

---

* 1999년 11월 30일 시애틀에 있는 워싱턴주 컨벤션 및 무역 센터에서 세계무역기구 회원국들이 모인 WTO 각료회의를 둘러싼 일련의 반세계화 시위.

보여준다. 헤게모니 관점이 종종 가리거나 폄하하는 것은 지지 집단을 통합하거나 집단 의지를 이끌어내기 위한 조직적인 전략으로 환원될 수 없는 정치를 개념화하는 대안적인 방식이다. 앞서 열거한 것과 같은 급진적 행동주의와 여러 형태의 시위와 반란은 어떤 중요한 프로젝트 아래에 포함될 수 없는 개별적이고 자율적인 개입을 예시하는 것처럼 보인다(그레이버Graeber 2002). 모든 급진적 정치이론가들이 아나키즘에 동의하거나, 이런 운동을 새로운 시대의 행동주의의 원형으로 보는 것은 분명히 아니지만, 그럼에도 그들이 불러일으키는 다원주의적 자유주의 정신은 오늘날 문화와 정치이론의 여러 흐름, 특히 마르크스주의나 레닌주의 전통과는 상반된 위치에 있는 사람들에게 영향을 끼치고 있다. 헤게모니의 세 가지 차원에 따라 그들이 어떻게 정치를 다르게 개념화하는지 간략히 살펴보기로 하자.

권력과 존재론

헤게모니에 대한 서로 다른 입장은 상반된 철학적 존재론이 그 기저에 자리한다. '존재론'은 존재 그 자체의 특성, 즉 존재하는 것의 근본적인 본질에 관한 것이다. 오늘날 대부분의 급진적 사상가들은 모든 존재에 영원하면서도 실정적인 어떤 '근원'을 내세우는 존재론을 거부한다. 또 이들은 신, 자연, 이성과 같은 어떤 보편적 원리로부터 현실의 기본 구조가 추론될 수 있다는 생각도 받아들이지 않는다. 대신, 모든 특정한 존재에는 자동적으로 참조해야 하는 실정적인 자립 원칙이 존재하지 않는다는 '포스트-토대주의post-foundational' 존재론을 지지한다. 사실, 급진 정치를 애초에 가능하게 한 것은 바로 '필수적인' 질서 원칙이 **부재하기** 때문이다. 사회관계는 근본적으로 개방적이고 사전에 주어진 어떤 원칙이나 '존재-신론'을 반드시 따르지 않기 때문에 재형성될 수 있다(마차트 Marchart 2007). 하지만 이런 근거 없음이 정치적으로 나타나는 방식은 헤게모니의 철학적 의미와 실천적 중요성에 대한 상반된 입장과 그에 따른 상반된 견해를 낳았다.

    4장에서 우리는 헤게모니에 대한 라클라우와 무페의 포스트-구조주의 헤게모니의 재구성이 어떻게 급진적인 부정성, 즉 적대를 수반하는지 살펴보았다. 이들의 주장에 따르면, 헤게모니 동맹은 공통의 실존적 위협을 초래한다고 하는 포괄적 갈등을 중심으로 결집한다. 이는 다양한 요구에 대한 통합적 기준점을 제공한다는 점에서 완전한 어떤 긍정적인 정체성이 아니라 부정성이다. 정신분석학자 자크 라캉에 따르면, 이러한 접근방식은 때때로 적이나 불의라고 주장하는 등 불완전성의 공통 원천인 "결핍의 존재론ontology of lack", 즉 외부의 적대자를 식별하는 동기를 제공하는 사회 정체성의 완전성 부재라고 말한다(마차트Marchart 2005). 계급 또는 경제 구조와 같은 실제적 실체가 사람들을 자동으로 공통의 정치 프로젝트로 이끄는 것은 아니다. 다만, 위협받는다고 생각되는 **어떤** 원리(예컨대, 국가, 자유, 정의 등)를 중심으로 형성되는 요구가 우연히 '접합articulation'될 때만이 가능하다. 따라서 헤게모니의 토대는 긍정적인 특성보다는 부정적인 특성('부재하는 현존')이며, 그 내용은 역사적으로 우연적이므로 끊임없이 수정될 수 있다. 라클라우와 무페의 결핍의 존재론은 부재하는 어떤 특성을 통해 이질적인 집단에 일시적인 등가성을 부여함으로써, 하나의 정치적 정체성이 현실의 본질적 개방성을 '부분적으로' 고정시키는 헤게모니 논리를 수반한다.

이와 대조적으로 다른 포스트-토대주의자들은 이른바 "풍요의 존재론ontology of abundance"(퇴네르와 토마센 Tønder and Thomassen 2005 참조)이라는 것으로 관심을 끈다. 이들은 부정적인 근거보다는 긍정성의 풍요를 주장한다. 즉 현실은 근본적으로 끊임없이 우연의 형태를 **뛰어넘어** 새로운 방식으로 스스로를 재창조하고 충만하는 창의적 힘으로 이루어진다는 것이다. 여기에 영감을 준 인물은 질 들뢰즈Gilles Deleuze 와 펠릭스 가타리Félix Guattari였는데, 그러한 과잉의 존재론을 제시했던 것은 바로 그들의 생명 철학이었다(들레즈와 가타리Deleuze and Guattari 2013). 이 철학은 고정성을 끊임없이 넘어서는 분화 운동을 의미하는 "생성becoming"의 원리를 강조했으며, 최근의 "신유물론new materialist" 철학에도 영향을 미쳤다(쿨과 프러스트Coole and Frost 2010; 코널리Connolly 2011 참조). 들뢰즈와 가타리에게 지배는 통제되지 않는 방식으로 끊임없이 확장되고 변형되는 사회적 '욕망'의 창조적 운동, 즉 '리좀적rhizomatic' 활동을 가로막는 방해물에서 발생한다. 그들은 다양한 사회적 과정과 지배 형태를 공간적 '영토화 territorialization' -즉 자연적, 사회적, 심리적 과정에 엄격한 위계적 패턴을 부여하여 이동성과 '흐름'을 없애고 권력을 안정화하려는 것- 의 실천으로 본다. 이 개념은 들뢰즈와 가타리가 (본질적으로 아나키즘적인) 자본주의를 비판하는 근거인데, 여기서 그들은 자본주의를, 창의성을 억압하는 영토화와 계층화의 체계로서 바라본다. 권력은 본질적으로 부정과 금지를 중심으로 블록을 형성하기보다는 역동적이고 창의적이며, 그 움직임을 포착하고 엄격한 경계와 제한된 방향을 강요하려는 사고와 실천 방식에 의해서만 제약 받는다.

    길버트Gilbert가 우리에게 상기시켜 주듯이, 들뢰즈와 가타리의 "지구-물리학적 언어"는 "헤게모니와 같은 개념을 포함하는 어휘"와는 매우 거리가 멀다(2008: 147-8). 라클라우와 무페에게 헤게모니는 사회적 관계와 정체성의 상대적인 안정화를 묘사하는 데 사용된다. 여기서 '담론적 접합discursive articulations'은 특권적인 적대를 둘러싼 사회적 타협을 수반한다. 그러나 들뢰즈와 가타리는 안정화를 의식 있는 지도력의 결과라기보다는, 정치 단체 또는 의식적인 결정으로 환원될 수 없는 '심리적·사회적·물리적' 요소들의 결합으로 본다. 그리고 이들은 '거시적인' 정치적 계산의 이면에서 작동하고 그에 따라 조건을 지우는 '미시적' 과정과 역동적인 다양한 문화적 구성에 대한 탐구를 촉구한다. 이런 관점은 저항과 범하기 쉬운 활동들이 사회적 지배 형태에 어떻게 '내재 되어' 있는지, 즉 내부에서 질서가 생기는 동시에 무너지는 방식에 대한 통찰을 제공한다.

풍요의 존재론은 권력과 지배를 언어와 인간의 행위보다는 그 자체의 자율적이고 내적인 힘으로 추진되는 과정과, 일부는 자연적이고 일부는 기계적인 형태로 묘사하는 경향이 더 짙다. 인간의 행위가 무관한 것은 아니지만, 권력과 지배는 권위적 통제와는 상관없이 스스로 조직화되는 새로운 에너지와 대항 세력에 대한 반응으로 간주된다. 래쉬Lash가 요약하듯이, 여기서 권력은 한 장소에서 변치 않는 힘의 양이 아니라 **잠재력**으로 이해된다. 즉 권력은 결코 완전히 소진되지 않고 끊임없이 스스로를 재창조하고, 장애물을 피하고, 주변의 모든 것을 바꾸려 한다는 것이다(래쉬Lash 2007: 59). 다소 추상적인 이 개념 덕분에 이론가들은 제도적 형태와 담론적 표현 이면에 존재하는 심오한 변이와 잠재력에 귀를 기울일 수 있었으며, 미묘한 차이와 다양한 가능성을 강조할 수 있었다. 따라서 윌리엄 코널리Willam Connolly는 (들뢰즈와 가타리의 말을 빌려) 신자유주의적 자본주의를 단순히 계급에 기반한 권력 구조가 아니라, "전체 복합체가 공고해지고 동시에 계속 변형됨에 따라 강화되고, 느슨하게 결합하는 다양한 유형의 활기찬 요소들의 집합체"인 "글로벌 공명 기계global resonance machine"라고 말한다(코널리Connolly 2011: 135). 이 기계론적 비유에서 특정 행위자가 등장할 수 있지만, 그것을 움직이는 것은 사회질서에 대한 비전을 지닌 의식 있는 어떤 조직적인 세력이 아니다. 사실 이 비유의 가장 불안한 측면은 아무도 책임을 지고 있지 않다는 것이다. 어떤 헤게모니 국가나 전략도 이 과정을 실제로 지휘하지는 않는다.

마찬가지로, 하트와 네그리Hardt and Negri(2000)가 설명하고 있는 새로운 글로벌 '제국'은 어떤 지도적인 중심도 없이 끝없이 확장하는 경제와 소통의 흐름에 기반을 둔 자본주의의 한 형태이다. 끝없이 확장하는 이 제국은 그 자체로 노동자들의 과거 투쟁과 저항의 결과물이며, 이들의 국제적 연대는 한때 자본주의와 그 영향을 제한하는 '외부자'(국민국가의 내부 또는 외부)를 찾아내고자 했다. 하지만 이제 자본주의는 규율적 메커니즘이 아니라, "두뇌(통신시스템, 정보네트워크 등)와 몸(복지제도, 감시활동 등)을 직접 조직하는" 통제 형태를 통해 작동한다(2000: 23). 더 이상 상상할 수 있는 외부는 존재하지 않는다. 글로벌 자본주의는 광범위하게 '탈영토화하는 흐름'(즉 사회적, 물질적 장벽의 소멸)을 통해 지배한다. 그 결과, 모든 '지역적' 저항은 단지 "자본주의적 제국 기계의 발전을 촉진하고 뒷받침할 뿐이다"(2000:45).

이런 이론가들에게 우연적인 헤게모니 투쟁은 정치의 궁극적 맥락이 아니라, 대부분 예측할 수 없고 무질서한 '아상블라주'*와 '기계', 그리고 그 내부에서 특정 가능성을 만들어내려는 '영토화된' 공간이라는 매트릭스 안에서 다양한 차원으로 일어날 수 있는 무언가이다. 오히려 헤게모니는 악당들이 하는 짓이다. 즉, 우리의 욕망을 지배한다고 주장하는 공허한 '초월적' 원리에 따라 개인, 사회, 자연을 고착시키고, 통제하고, 조정하고, 규율하려는 시도이다. 하지만 이런 전략은 더 넓은 가능성의 지평을 결코 없애지는 못하므로, 그 중요성

---

* **assemblages**, 프랑스어로 집합, 조립 등을 의미함.

을 크게 보이도록 하는 것은 별 의미가 없다. 이론가들이 헤게모니를 잘못 이해하는 최악의 경우는 권력과 지배의 관계가 이런 매트릭스 외부에 있는 어떤 자각 있는 통제 행위의 결과물이라고 암시하는 것이다. 풍요를 논하는 이론가들은 정치 투쟁을 권력관계에 내재한 것으로 이해한다. 즉, 풍부한 에너지와 힘의 복합체 **내부**에서 발생하는 저항 형태이며, 그 너머로 투사된 '초월적' 원리를 통해서가 아니다. 모든 해방은 확인된 어떤 지배 원리를 전 세계적 차원에서 부정하고 대체하는 것이 아니라, 그 내부의 전복, 즉 '리아상블라주'와 다양한 대안적 가능성에 대한 긍정에 달려 있다. 앞으로 살펴보겠지만, 이런 권력 개념은 헤게모니의 다른 두 가지 차원에도 영향을 미친다.

정동적* 주체성

앞서 언급했듯이, 헤게모니 이론가들은 보통 주도 행위와 사

---

* **Affective,** 정동은 감정이나 느낌의 기반이 되는 무의식적, 생리적 반응 또는 경험의 잠재력을 의미함.

상에 동의하는 주체의 역할을 강조한다. 이는 개인과 집단을 어떤 '상식적' 태도와 주장에 결부시키는 메커니즘으로서, 담론 또는 문화와 이데올로기를 강조하는 근거가 된다. 그렇지만 다양한 접합과 굴절을 허용할 만큼 충분히 열려 있는 메커니즘이기도 하다. 따라서 헤게모니 투쟁은 물질적 관계와 실천에 연결되어 있다고 하더라도, 넓게 보면 문화의 영역에서 분출하는 의미와 정체성을 놓고 벌이는 치열한 다툼으로 간주된다.

하지만 오늘날 많은 이론가들은 권력을 대화가 아닌, 주로 주체성을 **통해** 작동한다고 본다. 래쉬가 말하듯이, "인지적 판단의 문제라기보다는 **존재**의 문제에 가깝다"(2007: 58). 말하자면, 현대의 권력관계를 특징짓는 속도, 이동성, 흐름의 글로벌 네트워크에서는 우리가 어떤 **존재**인지가 중요하지, 우리가 어떤 생각을 하는지는 더 이상 중요하지 않다는 것이다. 권력은 '주체화subjectification'의 한 형태로 작동하며, 의식 가능성에 영향을 미쳐 주체를 미묘하게 형성한다. 여기에는 특히 "생명정치bio-politics"와 신자유주의적 형태의 "통치성governmentality"에 관한 푸코의 후기 연구가 결정적인 역할을 했다(푸코Foucault 2008). 이 연구에서 순응하는 주체는 개인을 **내부로부터** 스스로 결정하는 행위자로 부추기고 '정상화'하는 자유의 실천과 합리성을 통해 만들어지는 것으로 간주된다. 자유주의 국가의 경우 권위를 지배로 강제하기보다는 멀리서 행동에 영향을 미쳐 주체를 형성하고, 신념보다는 본능에 따라 자신의 행동과 욕망을 통제하도록 유도한다(딘 Dean 1999 참조). 인구 억제와 통계관리, '건강'하고 '건강하지 않은' 몸의 분류 및 구분, '의식 있는' 자기 관리의 환기는 개인의 자유를 '억압'하지 않고, 오히려 건강을 증진하는 방향으로 행동을 유도하고 선택을 조정한다. 특히 시장의 자유를 적극적으로 유도하는 신자유주의적 질서에서 증폭되는 개인의 선택 영역과 삶의 관리에 대한 이러한 통제 유형은 말 그대로 내부에서 주체를 구성한다. 마치 유도와 조정 이전에 이미 형성되어 있는 것처럼, 주체를 '자기편으로 끌어들이기' 위한 설득이나 헤게모니적 타협이 아닌 것이다. 이러한 기술들은 자유라는 이름으로 적용되는데, 이런 레짐regimes에서는 동의와 강요를 거의 구분할 수가 없다. 주체의 자유는 최소한의 존재 수준에서 작동하는 미리 정해진 틀 안에 있기에 통제의 수단이 **된다**. 시민의 이른바 '사적' 세계는 갈수록 측정과 감시, 자료수집 대상이 되며, 개인 활동(개인의 소비 선택, 오락과 여가의 형태, 출퇴근 경로 등)이 공적 규제와 기업 장악에 이용된다(데이비스Davies 2018 참조).

따라서 헤게모니 이론가들과 **달리**, 이런 사상 분파들은 현대의 권력은 논쟁과 서사를 통해 이해관계와 집단들의 연합을 유지하려는 국가처럼 통치하는 것이 아니라, 주도하는 행위자 없이 가시적인 어떤 장소에도 구애받지 않고 주체들을 포획하고 제압하는 침습적 네트워크에 더 가깝다는 사실을 보여준다. 뉴먼이 말하듯이 "우리가 복종하는 주인은 보이지 않는 존재이며, 여러 면에서 우리의 복종에 의한 창조물일 뿐인데도, 우리는 마치 그것이 절대적인 것처럼 복종한다"(2016: 23). 여기서 묘사되는 형태의 권력은 범위로 보면 '전체주의적'이고, 사람들의 일상적 경험을 통해 작동하지만 요구 내용에 대해서는 거의 감지하지 못한다. 따라서 주관적인 포획 측면에 대한 관심은 상징과 담론만을 통해서가 아니라, 신체에 작용하여 자동 반응을 불러일으키게 자극하는 정동적이고 물질적인 과정에 초점을 맞춘다(마수미Massumi 1995; 앙게러Angerer 2015). 복합적인 미시적 과정이 기술과 마주할 때 몸 안팎에서 **즉각적으로** 작동하고, 이를 통해 더 넓은 권력의 회로 안으로 들어간다. 신자유주의적 형태의 정부에서 기록하는 것은 우리의 생각이 아니라 감정과 반응을 **표현하는** 방식이다. 기쁨과 분노, 또는 무관심으로도 우리의 '무분별한' 소비와 투표 선호도를 파악하기에 충분하고, 우리를 통제 장치에 순응하도록 만들 수 있기 때문이다(래쉬Lash 2007: 66).

급진 정치가 주체성의 정동적·신체적 층위에 대한 관심에서 나온다는 것은 새로운 헤게모니 원칙에 대한 '요구'를 재

접합할 가능성이 아니라, 주체화 과정 이면에서 대안적이고 '일시적인' 창의적 형태의 협력이 나타날 수 있는 방식을 탐구하는 것이다(데이Day 2005: 80-8). 이는 래시가 미루어 말하듯 "'목소리'가 아닌 '출구' 전략"이며, 얼마나 많은 지배를 견딜 수 있을지에 대한 협상보다는 포획되는 것을 거부하라는 요청이다(2007: 67). 침습적 통제에서 벗어나는 동시에 새로운 형태의 삶을 중심으로 정체성의 '리아상블라주'를 모색한다는 의미이다. 특히 미시적 차원에 있는 주체성 -즉 푸코가 '자아 예술arts of the self'이라고 부른 것- 의 창의적 재창조에 초점을 맞추고 있는 것은 들뢰즈가 영향을 끼친 사상적 흐름이다. 이는 뿌리 깊은 사고방식과 관행을 우회하거나 전복시킨다. 철학자들은 "의식에 너무 많은 자족성을 부여하고, 사고를 지나치게 지식의 발견으로만 제한하는 경향이 있다"고 코널리Connolly가 주장하는 것이 대표적이다(2002: 65). 대신, 그는 창의적이고 유동적인, 의식적 통제를 벗어나서 아직 명확히 밝혀지지 않은 신체적 감각을 수용하는 정동적 사고의 '더 아래 차원'을 탐색해야 한다고 말한다. 또 그는 "사고에는 논쟁 이상의 것이 있다"라고 강조한다(2002: 74). 새로운 형태의 주체성을 형성한다는 것은 경험을 실험한다는 것을 의미한다. 즉, 도덕적 담론이라는 거시적 차원에서 우리가 자주 접근하기를 꺼리는 낯설고, 강렬한, 도발적인 감각을 기꺼이 반갑게 받아들이는 것이다. 그래야만 주체는 정동과 신체적 실천이라는 물질적 차원에서 완전히 새로운, 해방적 사고방식을 지닌 존재로 탈바꿈될 수 있다.

급진적 사상의 행동주의적 흐름은 정동적으로 구성된 주체라는 개념을 한층 더 발전시킨다. 하트와 네그리는 이른바 글로벌 제국의 '생명정치biopolitical' 패러다임 안에서 등장한 전혀 새로운 집단 정체성을 주장했다. 이들의 관점에서 이른바 '비물질적 노동'(노동자 거의 대부분이 자율적인 디지털 미디어 서비스 분야 등의 문화와 정보 노동)과 글로벌 무역의 흐름, 네트워크화된 커뮤니케이션의 확대는 '새로운 프롤레타리아트'를 낳았고, 이들의 두뇌와 몸은 이제 통제의 도구가 되었다. 글로벌 시스템이 "거의 모든 인간"(2000: 43)의 신체와 감정에 의존하게 되고, 그들이 "다중multitude"이라고 부르는 새로운 집단적 주체 형성을 가능하게 만들었다는 것은 역설적이다(하르트와 네그리Hardt and Negri 2005). 여기서 주체는 전 세계적인 집단 저항과 자율성을 얻기 위한 다양한 투쟁으로 구성되고, 제국의 침습적 통제에 저항하기 위해 "그 내부에서 등장하는 구성적 대항 세력"이 된다(2000: 59). 하트와 네그리는 "글로벌 반자본주의 투쟁에는 투쟁의 수평적 접합 모델이 (…) 더 이상 적합하지 않다"라고 주장한다(2000: 57). 다중을 통합하는 것은, 이를테면 공장이라는 공동 공간에서 구축된 '유사성'이 아니라 차이점, 즉 저항이 발생하는 상황마다 항상 특수성을 띠는 공통의 독특성 또는 '특이성'이다.

하트와 네그리가 프롤레타리아트라는 마르크스주의 개념을 글로벌 반자본주의적 주체로 재창조한다면, 뉴먼의 포스트-아나키스트 프로젝트는 더 분열된 의미의 급진적 주체성을 지지한다. 뉴먼은 자율성의 투쟁을 독특한 특이성의 형성으로 보지만, '인민the people' 또는 다중과는 동일한 형태로 보지 않는다. 뉴먼에게 만연한 개인 통제는 모든 유형의 '주권 정치'의 범위를 벗어나 삶의 다양한 대안적 방식을 추구하기 위한 '반란적' 거부, 즉 권력에 대한 반역적이고 자발적인 '탈동일시dis-identification'를 유발한다(2016: 28-32). 또 뉴먼은 급진적 주체들이 글로벌 자본주의로의 정동적 통합에서 진정으로 벗어나기 위해, 조르조 아감벤Giorgio Agamben의 말을 빌려 이른바 "파괴적 권력destituent power"(뉴먼Newman 2017) -즉 사전에 정의된 목적, 의제, 또는 다른 모든 투쟁과의 연결을 목표로 하는, 요구가 없는 자율적 투쟁- 의 특정 사례로만 역할을 할 가능성이 있다고 말한다.

헌신의 윤리

우리는 이미 비헤게모니적 급진 정치가 보다 포괄적인 전략과 동맹보다는 지도자가 없는 다툼과 정동적 강렬함을 강조하는 경향이 있음을 살펴봤다. 이는 앞서 보았듯이 정도의 차이는 있지만, 획일성보다는 차이에 대한 확고한 주장과 열정적인 헌신의 독특성을 긍정하는 윤리적 태도와 연결된다. 그렇다고 서로 다른 투쟁의 공통성을 인정하지 **않는다**는 말은 아니다. 하지만 광범위한 정치사상 분야에서 요구와 정체성의 헤게모니 집합체는 자율성이라는 특수성을 추상적이고 보편적인 형태 아래에 포섭하는 것처럼 보이기 때문에, 지배와 곧장 동일시된다. '지도력'은 집단 정체성에 대한 굴복을 의미함에 따라 주체들이 통제에 저항하거나 스스로를 재창조할 기회가 줄어드는 것을 시사한다.

물론 일부 이론가들이 보기에, 급진 정치는 정확히 새로운 '현대의 군주' 또는 혁명적 공산당 같은 유형의 지도력을 필요로 한다. 말하자면 이런 유형은 현대 반자본주의 투쟁의 분열과 '정체성 정치'의 강박적이고 자기 패배적인 편집증을 극복하는 데 꼭 필요하다(산본마츠Sanbonmatsu 2004; 딘Dean 2016). 따지고 보면, 라클라우와 무페의 헤게모니 접근방식은 선도 정당이나 공식 조직과 유사한 어떤 것도 단언한 **적이 없다**. 이들은 '급진적 자코뱅파의 상상력'을 비판하면서 민주적 헤게모니는 다원주의 원칙에 기반해야 하며, 다양한 해방적 요구를 동질적인 정체성으로 함몰시키는 것을 거부한다. 대적자들의 '경합적' 공론장에 관한 무페의 주장에서는 이 점을 더욱 강조한다. 무페는 급진 민주주의 정치는 '두터운' 합의를 기반으로 통일성을 강요할 수 없기 때문에 갈등과 적개심의 가능성을 받아들여야 한다고 주장한다(웬먼Wenman 2013). 그럼에도 일부 사람들이 보기에, 라클라우와 무페의 좌파 헤게모니 프로젝트는 여전히 주권 권력의 빈자리를 채우는 "유령 같은 인민의 몸spectral body of the People"에 초점을 맞춘다(뉴먼Newman 2016: 134).

이런 이유로 급진적 헤게모니 비평가들은 헤게모니 개념에서 개인적으로든 집단적으로든 주체가 스스로를 해방시키는 능력을 위태롭게 하는 권위주의의 잠재성을 본다. 따라서 모든 윤리적 차원은 해방 과정에서 창의적인 자기 창조에 대한 헌신을 확언해야 한다. 이익집단의 다원주의를 정치질서의 모델로 보는 편협한 자유주의적 관점을 훨씬 뛰어넘는 코널리의 다원주의 옹호가 대표적이다. 그는 보다 급진적인 "다원화의 에토스ethos of pluralization"를 주창하는데, 이는 끊임없이 확장되는 차이의 전형을 인정하는 것으로 해석된다(코널리Connolly 1995, 2005). 그리고 그는 이를 뒷받침하기 위해 문화적, 정치적 반대자들 사이의 '경합적인 면'과 '관대함'의 윤리를 지지한다. 풍요로운 민주적 삶을 일구는 데 필요한 것은 하나의 적이나 적대자가 아니라 "존재의 다면성", 즉 근본적으로 다양한 창의적인 문화 공동체와 "문화 내" 탐구를 고무시키는 "공적 에토스public ethos"이다(2002: 138). 마찬가지로, 제인 베넷Jane Bennett은 '포스트휴먼post-human' 급진 민주주의를 주장한다. 이는 인간과 인간의 주장만을 위한 공간이 아니라, 인간과 비인간(자연과 건축 환경, 동물, 기술 등)이 복잡하게 얽힌 공통의 세계를 조성하는 데 공동 참여자로 인식하는 "사물 의회parliament of things"로 해석된다(베넷Bennett 2005).

보다 급진적인 (포스트) 아나키스트 이론가들은 더 나아가 직접 행동하는 전투적인 반권위주의적 정치를 주창하는 경향이 있다. 이런 행동주의는 공식적인 제도 밖에서 대안적인 유형의 자치를 만들어내는 것을 목표로 하는, 참여적이고 때로는 '예시적인' 정치를 통해 헌신의 윤리를 중요시한다. 데이Day(2005: 89)는 이를 "행위의 정치politics of the act"라고 부르는데, 이는 지배 구조로부터 인정받기를 '포기'하는 것을 의미한다. 전통적인 민주주의의 대의 정치는 점점 더 시민들에게 비효율적이고 엘리트적으로 여겨지며, 심각한 공적 관심사로부터 일반인들을 분리시키는 관료적이고 도구주의적 관행에 의존한다는 주장이 제기되었다(토르미Tormey 2015). 반면, 많은 급진적 행동주의는 이제 장황한 토론과 공식적인 로비, 또는 위원회 회의보다는, 일시적인 '친밀한 네트워크'와 '반기를 든' 대중을 거리에 동원하는 즉각적이고 비공식적인 민주정치에 주목한다. 여기서는 수평적 확장이나 조직화된 지도력보다는 스스로를 다스릴 자유를 주장하고 나서, 공식적인 권력 구조와 규범으로부터 독립을 주장하는 것이 사람들에게 동기를 부여하는 원리이다. 뉴먼이 묘사하듯이, "반란을 일삼는" 정치는 일종의 "경합적 아나키즘agonistic anarchism"이다. 그는 이를 "훨씬 더 근본적인 형태의 경합주의"라고 주장한다. 여기서 갈등은 주로 다양한 자기 조직화 프로젝트와 국가주권을 주장하는 것 사이에서 발생한다(뉴먼Newman 2016: 135). 이런 정치는 "'정치적인 것'의 차원을 국가의 존재론적 질서에서 (...) 이 질서로부터 자율성을 추구하는 현대사회의 실천과 운동이라는 반대 세계로 재배치한다"(2016: 135-6).

전략을 위한 계기

따라서 상당수의 급진적 정치사상가들이 헤게모니에 대한 긍정적인 언급에 대해 깊은 의구심을 품었던 것은 분명하다. 그 대신, 그들은 정치와 윤리에 대한 대안적인 철학적 패러다임과 모델을 제시한다. 디지털 시대에 헤게모니는 '아날로그적' 개념, 또는 (비유를 바꾸자면) 속도와 비행의 세계에 적응하지 못하는 육중한 발을 가진 매머드*와 같은 것으로 간주된다. 그들은 오로지 헤게모니를 극복하는 것이 급진 정치의 핵심이라고 주장한다. 오늘날의 해방은 전투적 의미의 헌신과 권력에 대한 거부를 통해, 삶의 모든 측면을 장악하고 있는 신자유주의적 자본주의 지배를 전복하고 자아를 재창조하려는 욕망에서 벗어나는 것이다. 앞서 살펴봤듯이, 이런 관점에는 보다 강한 주장과 약한 주장이 있지만, 모두 헤게모니에 대한 비슷한 의구심을 중심으로 전개된다.

현대 헤게모니 정치에 대한 라클라우와 무페의 연구가 종종 이런 비판의 타겟이 되었고, 그들의 사상 방향과 그 내용에 대한 비판적 주장들에 대해 그들 스스로가 반박해 왔다

---

* **mammoth**, 멸종한 코끼리과 포유동물. 큰 규모를 말할 때 비유적 표현으로 많이 씀.

는 사실은 주목할 만한 일이다. 그들의 대응에서는 정치적 행동에 대한 전략의 중요성을 재천명하는 일이 상당 부분 차지한다. 무페의 경우 신자유주의적 자본주의는 동질적이고 자기 확장적 현상이 아닌, 필연적인 것들이 우연적으로 결합하는 과정이라고 주장한다. 신자유주의적 제도와 문화의 많은 측면은 이제는 깊이 뿌리내리고 있음에도, 경쟁과 전략을 통해 나타나는 경우가 많고 대중적 도전에 직면하기도 한다. 완전히 탈중심화된 원활한 흐름의 네트워크와는 거리가 먼 '글로벌 공간'은 국민국가와 지역, 도시를 중심으로 여전히 불균등하게 조직되어 있을 뿐 아니라, 그렇다고 이들 모두가 방대한 신자유주의 제국에서 동등한 위치를 차지하는 것도 아니다. 이런 지점들은 신자유주의의 확장과 저항 모두에서 '결절점'* 역할을 하지만, 더 이상 이전만큼 강력하지는 않다(무페 Mouffe 2005: 107–15). 대중의 저항과 보다 광범위한 공적 태도는 이러한 지점에서 구축된 '공통체the common'에 대한 감각에 의해 여전히 형성되고 있다. 따라서 라클라우와 무페는 새로운 급진적 정치의식이 전략적인 접합 없이도 생길 수 있다는 생각에 이의를 제기한다. 특히 이들은 등가와 차이가 다양한 투쟁을 거쳐 능동적으로 만들어지지 않고 '내재적으로'

---

* **nodal point,** 여러 가지 기능이 집중되는 지점.

'다중'이 출현할 것이라는 하트와 네그리의 낭만적 전망에 대해 혹평한다. 집합적 정치 주체는 제국에 대한 반대 입장에서 자발적으로 결집하는 독립적이고 종적인vertical 다수의 시위보다는, '수평적' 관계를 맺는 의도적 선택이 필요하다(라클라우Laclau 2001: 7-9). 라클라우와 무페의 관점에서 이런 선택은 공통의 적대를 발견하고, 결국 헤게모니 정치를 찾아내는 것을 의미한다.

전략과 관련하여 이 점은 풍요의 존재론과 이와 관련된 분석을 채택하는 사람들에게도 중요한 부분이다. 권력의 전략적 본질에 주의를 기울이지 않으면, 지배를 **완전한** 복종 이외의 다른 어떤 것으로도 보기 어렵다. 나아가 권력에 대한 저항을 서로에게 아무런 영향을 미치지 않는 대립과 자발적이고 일시적인 '실험experiments' 이상으로도 보지 못한다. 현대 자본주의가 내재하고 있는 만연한 불평등을 끊임없이 반복하는 '반(反)신자유주의' 담론의 한 가지 위험은 오직 전체로서만 맞설 수 있는 냉혹한, 총체적인 세력이라는 사실이다(길버트Gilbert 2008: 208-9 참조). 이는 신자유주의적 이성의 논리를 반영할 수도 있지만, 그러한 논리가 어떤 경우에도 동등하게 적용되는 것처럼 제시하는 경향이 있다. 이 위험성은 -확률적으로 큰 성과를 거둘 수 없기 때문에- 저항이 부질없는 것으로 느껴지게 하거나 자아를 전면적으로 재구성해야

하고, 종종 직접 행동을 '순수한' 헌신의 증거로 집착하게 만든다. 하지만 신자유주의에 맞서 싸우든 그 손아귀에서 의식적으로 벗어나든, 대부분의 사람들과 심지어 모든 활동가들에게도 그러한 헌신은 상상하기 어렵다. 급진적 저항 운동이 개별적인 투쟁 사례를 넘어 효과를 거두려면, 다양한 지역과 경험 간의 조율과 대화가 필수적이다.

사실 이 내용은 제러미 길버트Jeremy Gilbert(2008)가 친/반헤게모니적 입장을 종합하려는 몇 가지 노력 중 하나로 제안한 것이다. '반헤게모니적' 방향의 경우 신자유주의적 조치에 맞서는 전 세계의 다양한 투쟁과 고유한 지역적 관심사 및 윤리적 목표를 존중하지만, **동시에** 신자유주의에 대한 반대를 중심으로 최소한으로 조직화된 경우에만 공통 담론을 창출하는 것을 목표로 한다. 길버트는 특히 강요와 동시에 설득하는 세계화 방식에 대한 창의적 대응을 고무시키는 들뢰즈식 분석의 통찰력을 인정한다. 또 전통적 혁명 운동이 창의성과 자율성을 억압했던 경향이 있고, 전략적 선택이 종종 권력과의 타협으로 끝났다는 아나키스트들의 의견도 수용한다. 하지만 **어떠한** 전략적인 지향성이 없이, 즉 지도력 형태에 영향을 주고, 지식을 공유하고, 동맹을 구축하고, 공통의 적을 파악하여 다른 사람들을 설득하는 것 없이, 고립된 전복 전술과 간헐적인 극적 소요 사태를 넘어서는 전진은 불가능하다. 그는 헤게모니가 지배와 동일하지 않다는 입장이다. 지도력은 "반드시 타자에게 특정 의지를 강요하는 것을 의미하지 않는다"(2008: 220)는 것이다. 위계적 정당이나 국가 모델이 없어도 대항 헤게모니는 가능하다. 하지만 이 전략은 사회적 포럼을 통한 지속적인 대화, 공통의 원칙을 담은 헌장 제정, 다른 활동가 단체와 다양한 규모로 일시적 동맹을 맺는 사회적 실험을 수반해야 한다. 동시에 전임 활동가가 아닌 사람도 반자본주의 운동에 참여시킬 방법은 고려해야 한다.

> 사회변화를 진정으로 이루고자 하는 정치운동은 앞서 말한 사람들을 포용하고, 끌어들이고, 공감할 수 있는 방법을 찾아야 한다. 이런 의미에서 포용은 반드시 정치 활동에 직접적으로 참여하는 것이 아닌, 사고방식과 가정, 대응을 보다 일반적으로 공유하는 것, 즉 정서적 교류를 말하며, 실제 위기 순간에는 적극적인 정치적 지지로 이어질 수 있고, 투사들에게 의존하지 않고서도 성공을 거둘 수 있는 일반화된 투쟁의 기반이 될 수 있다.(2008: 233)

길버트의 위 설명은 그람시의 '진지전'을 연상시킨다. 즉, 현대 자본주의에 대한 다양한 창의적 대응을 바탕으로 동맹을 유지하고 일반인들을 참여시키는 문화적 지도력을 육성하는 한편, 혁명적 움직임에서 전형적으로 나타나는 위계와 도구주의를 거부한다. 이런 프로젝트는 얼마나 현실적일지는 몰라도, 급진 정치를 상상할 때 핵심적 요소로서 지속적인 전략의 중요성을 강조한다.

그렇다면 헤게모니의 프레임 밖에서 현대 정치투쟁을 분석하려는 노력에도 불구하고, 이 개념을 유지할 만한 타당한 근거는 여전히 존재한다고 볼 수 있다. 라클라우와 무페가 때때로 주장하는 것처럼, 길버트와 다른 사람들이 헤게모니 개념을 옹호하는 것은 헤게모니를 모든 급진 정치를 정의하는 지평으로 삼으려는 의도가 아니다. 단지 통합을 수행하는 어떤 '주권적' 중심체에만 국한하지 않고도, 경제와 정치 권력의 전략적인 확장과 이에 대한 저항이 구축되는 것을 탐구할 가능성이 있기 때문이다. 헤게모니는 대부분의 정치적 구성체의 전략적 계기, 즉 특정 이니셔티브initiatives를 통합하고 확장하기 위한 제도와 사상을 일시적으로 결합하는 것으로 여겨질 수 있지만, 보다 광범위한 권력의 복잡성과 창의성을 간과하지는 않는다. 그렇다고 이론가들이 권력의 이면이나 주변에서 다양하고 독특한 일이 일어날 가능성에 점점 더 많은 관심을 기울인다고 해서, 전략적 계기가 전혀 발생하지 않는다는 의미는 아니다. 이런 계기들은 명확히 정의된 운동과 정당, 국가가 추진하는 '국민-인민적' 프로젝트로 나타나지 않을 수도 있다. "커뮤니케이션과 금융의 흐름"(래쉬Lash 2007:

66)이 점차 국제사회를 형성하는 포스트-주권post-sovereign 시대에, 헤게모니 지도력은 이전의 헤게모니 사상가들이 생각했던 것만큼 결정적이거나 지속될 가능성은 높지 않다. 하지만 여전히 전략적인 계기는 필요하며, 따라서 헤게모니라는 용어는 급진 정치의 분석 사전에 계속해서 자리를 차지할 가치가 있다.

결론

이제는 널리 사용되어 어느 정도 높은 평가를 받게 되었지만, 헤게모니 개념은 항상 위험한 것이었다. 지도력과 지배, 강압과 동의, 국가와 시민사회를 구분하는 경계가 본질적으로 모호한 권력 모델을 제시하기 때문이다. 이런 문제는 객관성만큼이나 판단을 요한다. 많은 경우 헤게모니 분석은 윤곽이 명확히 드러나는, 변치 않는 대상을 발견하기보다는 움직이는 목표물을 포착하게 한다. 아마도 불가피하게는 우리가 가진 형상이 선명한 그림이 아니라 흐릿한 경우가 많다는 뜻일 것이다. 헤게모니는 권력을 "중립적으로" 묘사하기보다는 집단적으로 사람들 스스로가, 앞서는 특정 행위를 따르고 그것들이 지닌 사상을 받아들이면서 "현실을 만들어내는" 방법에 관련된 해석적 범주이다(블레이클리Blakely 2020). 따라서 권력과 지배는 있을 수 있는 일이나 바람직한 것에 대한 대중의 생각을 굴절시키고 사회적 의미가 순환되는 방식과도 분리될 수 없다. 또 이런 영역을 살피고, 그에 따라 행동하는 일은 불균등하게 끊임없이 변화하는 전형적 현상인 '영향력' 형태의 깊이와 강도를 판단하는 것을 의미한다.

이런 모호성은 부분적으로는 헤게모니가 대개 권력과 지배 구조에 대한 보다 엄격한 관점을 갖도록 하기 때문에 불가피한 것으로 생각되었다. 특히 20세기에 부활했던 환원주의적 형태의 마르크스주의와 관련하여 더욱 그러했다. 이후 헤게모니에 대한 다양한 접근방식들이 이 개념을 다양한 강조점으로 다른 분야에 적용해 왔으며, 변화하는 권력의 경계를 인정하면서도 이를 완전히 허물지 않는 방식으로 접근했다. 긍정적 측면에서 이러한 접근방식은 다양한 행위자와 세력들의 역동적인 상호 작용과, 또 이들을 동시에 통합하고 분리하기도 하면서 사회적 타협을 탐구하는 섬세하고 명확한 분석을 내놓았다. 하지만 부정적 측면에서 보면, 거의 모든 것을 무정형의 지배 구조로 무너뜨리는 환원적 동질화로 기울 가능성이 있다. 그런가 하면, 헤게모니는 다수의 이해관계와 열망을 노련하게 조정하고 통합하는 것을 목표로 하는 정치에 영감을 줄 수 있다. 이는 비록 결정적인 특정한 순간에만 가능하다고 하더라도, 보다 넓은 권력 구조에서 지배력을 행사할 수 있다. 하지만 동시에 견제받지 않는 지도자, 이데올로기, 또는 이해관계자의 권위와 동일시하는 위계적이고, 편협한 국가주의적 이미지 정치를 불러올 가능성도 있다.

이번 장에서 이미 살펴봤듯이, 헤게모니에 수반되는 분석적 측면 또는 정치적 측면의 위험을 모든 사람이 받아들일 준비가 되어 있는 것은 아니다. 국민국가가 국내적으로나 국제적으로 자신들의 지배력을 공고히 하고자 할 때 일반적으로 사용되기 시작한, 헤게모니 개념의 대조적인 강조점은 현대 권력 자체의 모호한 본질, 즉 잠재적으로 해방적이면서 억압적이고, 통합적이면서 배타적인 면을 반영한다. 항상 헤게모니의 틀에 부합하지 않는 다른 양상의 권력 -그리고 그에 따른 다른 설명- 도 등장했다. 특히 이런 방식은 새로운 형태의 권력과 그에 대한 저항 속에 나타나는 창의적 운동과 관련된다. 이런 운동에서 추론을 이끌어내는 사람들에게는 헤게모니의 제도적인 내용과 이론적 틀, 또는 개념적 논리가 시대착오적인 것처럼 보일 수 있으며, 헤게모니의 모호성도 위험할 정도로 기만적으로 보일 수 있다.

그렇지만 앞서 언급했듯이, 이런 분석들도 급진 정치와 분석을 위한 주요 주제로는 중시하지 않더라도 어느 정도의 전략과 조정 역량을 상정한다. 정치를 개념화하고 실천하기 위한 틀로서 헤게모니의 한계를 우리가 인정한다고 해도, 여전히 이 개념의 위험을 감수할 가치는 있다고 할 수 있다. 헤게모니의 '종말'에 대해 이야기하는 대신, 특히 국민국가와 국민문화가 사회적·정치적 지도력을 행사하는 수단으로서 점점 더 효과적으로 기능하지 못하는 시기인 만큼, 우리는 헤게모니가 우리에게 어떤 새로운 질문을 던질 수 있게 도와줄 **수 있을지**에 대해 숙고하는 편이 더 나을 것이다. 권력이 동의를 추구하는 한, 그리고 동의가 계속 다툼의 근본적 원인이 되는 한, 헤게모니는 정치의 전략적 조건을 협상하기 위한 필수적 자원으로 계속 남을 것이다.

감사의 글

이 책이 나오기까지 도와주신 많은 분에게 감사를 드리고 싶다. 〈폴리티〉 출판사의 조지 오어스와 줄리아 데이비스는 이 책의 집필을 나에게 의뢰하고 완성할 수 있도록 도와주었다. 나의 동료 사울 뉴먼과 〈폴리티〉 출판사에 속한 세 분의 익명 검토자가 이 책의 초고에 의견을 주었고 수정 원고도 검토해 주었다. 마지막 순간에 좋은 감각을 발휘해 준 수잔에게도 감사드린다. 이 책의 내용에 대한 모든 책임은 당연히 나에게 있다.

참고문헌

- Almond, S. and Verba, G. A. (1965) *The Civic Culture: Political Attitudes and Democracy in Five Nations*. New York: Little, Brown & Co.
- Althusser, L. (1969) *For Marx*. London: Penguin.
- Althusser, L. (1971) 'Ideology and ideological state apparatuses (Notes towards an investigation)' in *Lenin and Philosophy and Other Essays*. London: New Left Books.
- Althusser, L. and Balibar, E. (1970) *Reading Capital*. London: New Left Books.
- Anderson, P. (1976-7) 'The antimonies of Antonio Gramsci', *New Left Review* 100: 5-78.
- Anderson, P. (1979) *Considerations on Western Marxism*. London: Verso.
- Anderson, P. (1992) *English Questions*. London: Verso.
- Anderson, P. (2016) *The H-Word: The Peripeteia of Hegemony*. London: Verso.
- Angerer, M.-L. (2015) *Desire after Affect*. London: Rowman & Littlefield.
- Archibugi, D. (2008) *The Global Commonwealth of Citizens: Toward Cosmopolitan Democracy*. Princeton University Press.
- Artz, L. and Murphy, B. O. (2000) *Cultural Hegemony in the United States*. London: Sage.
- Ashley, R. K. (1988) 'Untying the sovereign state: A double reading of the anarchy problematique', *Millennium* 17(2): 227-62.
- Augelli, E. and Murphy, C. (1988) *America's Quest for Supremacy and the Third World: An Essay in Gramscian Analysis*. London: Continuum.

- Ball, T. (1975) 'Power, causation and explanation', *Polity* 8(2): 189–214.

- Beasley-Murray, J. (2010) *Posthegemony: Political Theory and Latin America*. London: University of Minnesota Press.

- Beetham, D. (2013) *The Legitimation of Power*, 2nd edition. Basingstoke: Palgrave.

- Bell, D. (2000) *The End of Ideology: On the Exhaustion of Political Ideas in the Fifties*, 5th edition. Cambridge, MA: Harvard University Press.

- Bellamy, R. (1987) *Modern Italian Social Theory: Ideology and Politics from Pareto to the Present*. Cambridge: Polity.

- Bellamy, R. (1990). 'Gramsci, Croce and the Italian political tradition', *History of Political Thought* 11(2): 313–37.

- Bellamy, R. and Schecter, D. (1993) *Gramsci and the Italian State*. Manchester University Press.

- Bennett, J. (2005) 'In parliament with things' in L. Tønder and L. Thomassen (eds.) *Radical Democracy: Politics Between Abundance and Lack*. Manchester University Press.

- Bieler, A., Bruff, I., and Morton, A. D. (2015) 'Gramsci and "the International": Past, present and future' in D. McNally (ed.) *Antonio Gramsci*. Basingstoke: Palgrave Macmillan.

- Blakely, J. (2020) *We Built Reality: How Social Science Infiltrated Culture, Politics, and Power*. Oxford University Press.

- Bloomfield, R. (1977) *Class, Hegemony and Party: Lectures from the Communist University of London*. London: Lawrence & Wishart.

- Bobbio, N. (1986) *Which Socialism? Marxism, Socialism and Democracy*. Cambridge: Polity.

- Brenner, N. (2004) *New State Space: Urban Governance and the Rescaling of Statehood*. Oxford University Press.

- Brenner, N. and Theodore, N. (eds.) (2002) *Spaces of Neoliberalism: Urban*

Restructuring in North America and Western Europe. Oxford: Blackwell.

- Bull, H. (2002) *The Anarchical Society: A Study of Order in World Politics*, 3rd edition. Basingstoke: Palgrave.

- Burnham, P. (1991) 'Neo-Gramscian hegemony and the international order', *Capital & Class* 15(3): 73–93.

- Butler, J., Laclau, E., and Žizek, S. (2000) *Contingency, Hegemony, Universality: Contemporary Dialogues on the Left*. London: Verso.

- Castells, M. (2010) *The Rise of the Network Society*, 2nd edition. Oxford: Blackwell.

- CCCS (Centre for Contemporary Cultural Studies) (ed.) (1977) *On Ideology*. London: Hutchinson.

- Chandler, D. and Reid, J. (2016) *The Neoliberal Subject: Resilience, Adaptation and Vulnerability*. London: Rowman & Littlefield.

- Chomsky, N. (2003) *Hegemony or Survival: America's Quest for Global Dominance*. London: Penguin.

- Clark, I. (2009) 'Bringing hegemony back in: The United States and international order', *International Affairs* 85(1): 23–36.

- Clark, I. (2011) *Hegemony in International Society*. Oxford University Press.

- Clark, M. (1979) *Antonio Gramsci and the Revolution that Failed*. New Haven: Yale University Press.

- Clark, M. (1984) *Modern Italy 1871–1982*. London: Longman.

- Clegg, S. R. (1989) *Frameworks of Power*. London: Sage.

- Connell, R. W. and Messerschmidt, J. W. (2005) 'Hegemonic masculinity: Rethinking the concept', *Gender & Society* 19(6): 829–59.

- Connolly, W. E. (1995) *The Ethos of Pluralization*. London: University of Minnesota Press.

- Connolly, W. E. (2002) *Neuropolitics: Thinking, Culture, Speed*. London: University of Minnesota Press.

- Connolly, W. E. (2005) *Pluralism*. London: Duke University Press.
- Connolly, W. E. (2011) *A World of Becoming*. London: Duke University Press.
- Coole, D. and Frost, S. (eds.) (2010) *New Materialisms: Ontology, Agency, and Politics*. London: Duke University Press.
- Cox, R. W. (1987) *Production, Power and World Order: Social Forces in the Making of History*. New York: Columbia University Press.
- Cox, R. W. (1993) 'Gramsci, hegemony and international relations: An essay on method' in S. Gill (ed.) *Gramsci, Historical Materialism and International Relations*. Cambridge University Press.
- Dahlberg, L. and Phelan, S. (2011) *Discourse Theory and Critical Media Politics*. Basingstoke: Palgrave Macmillan.
- Dahlberg, L. and Siapera, E. (eds.) (2007) *Radical Democracy and the Internet: Interrogating Theory and Practice*. Basingstoke: Palgrave Macmillan.
- Davidson, A. (1977) *Antonio Gramsci: Towards an Intellectual Biography*. London: Merlin.
- Davies, M. (1999) *International Political Economy and Mass Communication in Chile: National Intellectuals and Transnational Hegemony*. Basingstoke: Macmillan.
- Davies, W. (2018) *Nervous States: How Feeling Took Over the World*. London: Jonathan Cape.
- Day, R. (2005) *Gramsci is Dead: Anarchist Currents in the Newest Social Movements*. London: Pluto.
- Dean, J. (2016) *Crowds and Party*. London: Verso.
- Dean, M. (1999) *Governmentality: Power and Rule in Modern Society*. London: Sage.
- de la Torre, C. (2018) *Populisms: A Quick Emersion*. New York: Tibidabo.

- Deleuze, G. and Guattari, F. (2013) *Anti-Oedipus: Capitalism and Schizophrenia*. London: Bloomsbury.
- Derrida, J. (1978) *Writing and Difference*. London: Routledge.
- Derrida, J. (1988) *Limited Inc*. Evanston: Northwestern University Press.
- Dworkin, D. (1997) *Cultural Marxism in Postwar Britain: History, the New Left, and the Origins of Cultural Studies*. London: Duke University Press.
- Elliott, G. (1987). *Althusser: The Detour of Theory*. London: Verso.
- Errejon, I. and Mouffe, C. (2016) *Podemos: In the Name of the People*. London: Lawrence & Wishart.
- Femia, J. V. (1981) *Gramsci's Political Thought: Hegemony, Consciousness, and the Revolutionary Process*. Oxford: Clarendon.
- Femia, J. V. (1998) *The Machiavellian Legacy: Essays in Italian Political Thought*. Basingstoke: Palgrave Macmillan.
- Femia, J. V. (2005) 'Gramsci, Machiavelli and international relations', *The Political Quarterly* 76(3): 341–9.
- Ferguson, N. (2005) *Colossus: The Rise and Fall of the American Empire*. London: Penguin.
- Fontana, B. (1993) *Hegemony and Power: On the Relation between Gramsci and Machiavelli*. London: University of Minnesota Press.
- Forgacs, D. (1989) 'Gramsci and Marxism in Britain', *New Left Review* 176: 70–88.
- Foucault, M. (1977) *Discipline and Punish: The Birth of the Prison*. New York: Vintage.
- Foucault, M. (1978) *The History of Sexuality: An Introduction*. London: Penguin.
- Foucault, M. (1980) 'Truth and power' in C. Gordon (ed.) *Power/Knowledge: Selected Interviews and Other Writings 1972–1977*. London: Harvester Wheatsheaf.

- Foucault, M. (2008) *The Birth of Biopolitics: Lectures at the College de France 1978–1979*. Basingstoke: Palgrave Macmillan.

- Gamble, A. (1994) *The Free Economy and the Strong State: The Politics of Thatcherism*, 2nd edition. Basingstoke: Palgrave.

- Geras, N. (1987) 'Post-Marxism?' *New Left Review* 163: 40–82.

- Germain, R. D. and Kenny, M. (1998) 'Engaging Gramsci: International relations theory and the new Gramscians', *Review of International Studies* 24(1): 3–21.

- Giddens, A. (1991) *Modernity and Self-Identity: Self and Society in the Late Modern Age*. Cambridge: Polity.

- Gilbert, J. (2008) *Anticapitalism and Culture: Radical Theory and Popular Politics*. Oxford: Berg.

- Gill, S. (1990) *American Hegemony and the Trilateral Commission*. Cambridge University Press.

- Gill, S. (ed.) (1993) *Gramsci, Historical Materialism and International Relations*. Cambridge University Press.

- Gill, S. and Cutler, A. C. (eds.) (2015) *New Constitutionalism and World Order*. Cambridge University Press.

- Gill, S. and Law, D. (1993) 'Global hegemony and the structural power of capital' in S. Gill (ed.) *Gramsci, Historical Materialism and International Relations*. Cambridge University Press.

- Gilroy, P. (1992) *There Ain't No Black in the Union Jack: The Cultural Politics of Race and Nation*. London: Routledge.

- Glynos, J. and Howarth, D. (2007) *Logics of Critical Explanation in Social and Political Theory*. Abingdon: Routledge.

- Golding, S. (1992) *Gramsci's Democratic Theory: Contributions to a Post-Liberal Democracy*. London: University of Toronto.

- Graeber, D. (2002) 'The new anarchists', *New Left Review* 13: 61–73.

- Gramsci, A. (1971) *Selections from the Prison Notebooks*. London: Lawrence & Wishart.
- Gramsci, A. (1977) *Selections from Political Writings, 1910–1920*. London: Lawrence & Wishart.
- Gramsci, A. (1978) *Selections from Political Writings, 1921–1926*. London: Lawrence & Wishart.
- Gramsci, A. (1995) *Further Selections from the Prison Notebooks*. London: Lawrence & Wishart.
- Gray, J. (2009) *False Dawn: The Delusions of Global Capitalism*. London: Granta.
- Gundle, S. (1995) 'The legacy of the Prison Notebooks: Gramsci, the PCI and Italian culture in the Cold War period' in C. Duggan and C. Wagstaff (eds.) *Italy in the Cold War: Politics, Culture and Society 1948–58*. Oxford: Berg.
- Hall, S. (1986) 'Gramsci's relevance for the study of race and ethnicity', *Journal of Communication Enquiry* 10: 5–27.
- Hall, S. (1988) *The Hard Road to Renewal: Thatcherism and the Crisis of the Left*. London: Verso.
- Hall, S. (1998) 'The great moving nowhere show', *Marxism Today* (Special Issue): 9–14.
- Hall, S. and Jacques, M. (eds.) (1983) *The Politics of Thatcherism*. London: Lawrence & Wishart.
- Hall, S. and Jefferson, T. (eds.) (1975) *Resistance Through Rituals: Youth Sub-cultures in Post-War Britain*. London: Hutchinson.
- Hall, S., Critcher, C., Jefferson, T., Clarke, J. and Roberts, B. (1978) *Policing the Crisis: Mugging, the State, and Law and Order*. London: Macmillan.
- Hall, S., Lumley, R., and McLennan, G. (1977) 'Politics and ideology: Gramsci' in CCCS (ed.) *On Ideology*. London: Hutchinson.

- Hardt, M. and Negri, A. (2000) *Empire*. Cambridge, MA: Harvard University Press.
- Hardt, M. and Negri, A. (2005) *Multitude: War and Democracy in the Age of Empire*. London: Penguin.
- Harris, D. (1992). *From Class Struggle to the Politics of Pleasure: The Effects of Gramscianism on Cultural Studies*. London: Routledge.
- Harvey, D. (2005) *A Brief History of Neoliberalism*. Oxford University Press.
- Haugaard, M., and Lentner, H. H. (eds.) (2006) *Hegemony and Power: Consensus and Coercion in Contemporary Politics*. Oxford: Lexington Books.
- Hay, C. (1996) *Re-Stating Social and Political Change*. Buckingham: Open University Press.
- Held, D. (1995) *Democracy and the Global Order: From the Modern State to Cosmopolitan Governance*. Cambridge: Polity.
- Hesketh, C. (2019) 'A Gramscian conjuncture in Latin America? Reflections on violence, hegemony, and geographical difference', *Antipode* 51(5): 1474–94.
- Hirst, P. and Thompson, G. (1999) *Globalization in Question*. Cambridge: Polity.
- Hobbes, T. (1991) *Leviathan*. Cambridge University Press.
- Holton, R. J. (1998) *Globalization and the Nation-State*. Basingstoke: Macmillan.
- Howarth, D. (2000) *Discourse*. Buckingham: Open University Press.
- Howarth, D. and Torfing, J. (eds.) (2005) *Discourse Theory in European Politics: Identity, Policy and Governance*. Basingstoke: Palgrave Macmillan.
- Howarth, D., Norval, A. J., and Stavrakakis, Y. (eds.) (2000) *Discourse Theory and Political Analysis: Identities, Hegemonies and Social Change*. Manchester University Press.
- Hunt, A. (ed.) (1980) *Marxism and Democracy*. London: Lawrence &

Wishart.

- Ikenbury, G. J. (2011) *Liberal Leviathan: The Origins, Crisis, and Transformations of the American World Order*. Princeton University Press.
- Ives, P. (2004) *Language and Hegemony in Gramsci*. London: Pluto.
- Jacobitti, E. E. (1981) *Revolutionary Humanism and Historicism in Modern Italy*. London: Yale University Press.
- Jessop, B. (1990) *State Theory: Putting Capitalist States Back in their Place*. Cambridge: Polity.
- Jessop, B. (2002) *The Future of the Capitalist State*. Cambridge: Polity.
- Jessop, B. (2007) 'New Labour or the normalization of neo-liberalism', *British Politics* 2(3): 282–8.
- Jessop, B. (2015) 'Margaret Thatcher and Thatcherism: Dead but not buried', *British Politics* 10(1): 16–30.
- Jessop, B., Bonnett, K., Bromley, S. and Ling, T. (1984) 'Authoritarian populism, two nations, and Thatcherism', *New Left Review* 147: 32–60.
- Jessop, B., Bonnett, K., Ling, T. and Bromley, S. (1988) *Thatcherism: A Tale of Two Nations*. Cambridge: Polity.
- Joseph, J. (2002) *Hegemony: A Realist Analysis*. London: Routledge.
- Judt, T. (2005) *Postwar: A History of Europe since 1945*. London: Vintage.
- Kavanagh, D. (1994) *Consensus Politics: From Attlee to Major*, 2nd edition. London: Wiley.
- Kenny, M. (1995) *The First New Left: British Intellectuals after Stalin*. London: Lawrence & Wishart.
- Keohane, R. O. (1984) *After Hegemony: Cooperation and Discord in the World Political Economy*. Princeton University Press.
- Lacan, J. (2006) *Écrits*. London: Norton & Co.
- Lacan, J. (2007) *The Other Side of Psychoanalysis: The Seminar of Jacques*

Lacan Book XVII. London: Norton & Co.

- Lacan, J. (2013) 'The symbolic, the imaginary and the real' in *On the Names-of-the-Father*. Cambridge: Polity.

- Laclau, E. (1977) *Politics and Ideology in Marxist Theory: Capitalism – Fascism – Populism*. London: Verso.

- Laclau, E. (1990) *New Reflections on the Revolution of Our Time*. London: Verso.

- Laclau, E. (1996) *Emancipation(s)*. London: Verso.

- Laclau, E. (2001) 'Can immanence explain social struggles?' *diacritics* 31(4): 3–10.

- Laclau, E. (2018) *On Populist Reason*. London: Verso.

- Laclau, E. and Mouffe, C. (1985) *Hegemony and Socialist Strategy: Towards a Radical Democratic Politics*. London: Verso.

- Laclau, E. and Mouffe, C. (1987) 'Post-Marxism without apologies', *New Left Review* 166: 79–106.

- Lash, S. (2007) 'Power after hegemony: Cultural studies in mutation', *Theory, Culture and Society* 24(3): 55–78.

- Lebow, R. N. and Kelly, R. (2001) 'Thucydides and hegemony: Athens and the United States', *Review of International Studies* 27(4): 593–609.

- Lenin, V. I. (1992) *The State and Revolution*. London: Penguin.

- Lenin, V. I. (2010) *Imperialism: The Highest Stage of Capitalism*. London: Penguin.

- Lester, J. (2000) *Dialogue of Negation: Debates on Hegemony in Russia and the West*. London: Pluto.

- Lyotard, J.-F. (1984) *The Postmodern Condition: A Report on Knowledge*. Manchester University Press.

- Lyttelton, A. (1973) *The Seizure of Power: Fascism in Italy, 1919–1929*. London: Weidenfeld and Nicolson.

- Machiavelli, N. (1988) *The Prince*. Cambridge University Press.

- Marchart, O. (2005) 'The absence at the heart of presence: Radical democracy and the ontology of lack' in L. Tønder and L. Thomassen (eds.) *Radical Democracy: Politics Between Abundance and Lack*. Manchester University Press.

- Marchart, O. (2007) *Post-Foundational Political Thought: Political Difference in Nancy, Lefort, Badiou and Laclau*. Edinburgh University Press.

- Marx, K. and Engels, F. (1996) 'Manifesto of the Communist Party' in T. Carver (ed.) *Marx: Later Political Writings*. Cambridge University Press.

- Massumi, B. (1995) 'The autonomy of affect', *Cultural Critique* 31(Fall): 83–109.

- McNally, M. (2015) 'Gramsci, the United Front Comintern and democratic strategy' in M. McNally (ed.) *Antonio Gramsci*. Basingstoke: Palgrave.

- Meiksins-Wood, E. (1999) *The Retreat from Class: A New True Socialism?* London: Verso.

- Miliband, R. (1973) *The State in Capitalist Society*. London: Quartet.

- Miliband, R. (1977) *Marxism and Politics*. Oxford University Press.

- Miliband, R., Panitch, L. and Saville, J. (eds.) (1987) *Conservatism in Britain and America: Rhetoric and Reality, Socialist Register 1987*. London: Merlin.

- Mills, C. W. (2000) *The Power Elite*. Oxford University Press.

- Moffitt, B. (2015) 'How to perform crisis: A model for understanding the key role of crisis in contemporary populism', *Government & Opposition* 50(2): 189–217.

- Moffitt, B. (2020) *Populism*. Cambridge: Polity.

- Morgan, P. (2003) *Fascism in Europe, 1914–1945*. Abingdon: Routledge.

- Morgenthau, H. (1948) *Politics Among Nations: The Struggle for Power and*

Peace. New York: Knopf.

- Morton, A. D. (2003a) 'Historicizing Gramsci: Situating ideas in and beyond their context', *Review of International Political Economy* 10(1): 118–46.

- Morton, A. D. (2003b) 'Social forces in the struggle over hegemony: Neo-Gramscian perspectives in International Political Economy', *Rethinking Marxism* 15(2): 153–79.

- Morton, A. D. (2007) *Unravelling Gramsci: Hegemony and Passive Revolution in the Global Economy*. London: Pluto.

- Mouffe, C. (1979) 'Hegemony and ideology in Gramsci' in C. Mouffe (ed.) *Gramsci and Marxist Theory*. London: Routledge & Kegan Paul.

- Mouffe, C. (1993) *The Return of the Political*. London: Verso.

- Mouffe, C. (2000) *The Democratic Paradox*. London: Verso.

- Mouffe, C. (2005) *On the Political*. London: Routledge.

- Mouffe, C. (2013) *Agonistics: Thinking the World Politically*. London: Verso.

- Munck, R. P. (2013) *Rethinking Latin America: Development, Hegemony, and Social Transformation*. New York: Palgrave Macmillan.

- Nagle, A. (2017) *Kill All Norms: Online Culture Wars from 4Chan and Tumblr to Trump and the Alt-Right*. Winchester: Zero Books.

- Nairn, T. (1981) *The Breakup of Britain: Crisis and Neo-nationalism*, 2nd edition. London: Verso.

- Newman, S. (2016) *Post-Anarchism*. Cambridge: Polity.

- Newman, S. (2017) 'What is an insurrection? Destituent power and ontological anarchy in Agamben and Stirner', *Political Studies* 65(2): 284–99.

- Norval, A. J. (1998) *Deconstructing Apartheid Discourse*. London: Verso.

- Opratko, B. (2012) *Hegemonie: Politische Theorie nach Antonio Gramsci*. Münster: Westfälisches Dampfboot.

- Poulantzas, N. (1973) *Political Power and Social Classes*. London: New Left Books.
- Poulantzas, N. (1974) *Fascism and Dictatorship: The Third International and the Problem of Fascism*. London: Verso.
- Poulantzas, N. (1978) *State, Power, Socialism*. London: Verso.
- Poulantzas, N. (2008) *The Poulantzas Reader: Marxism, Law, and the State*. London: Verso.
- Prentoulis, M. (2021) *Left Populism in Europe: Lessons from Jeremy Corbyn to Podemos*. London: Pluto.
- Przybylowicz, D. (1990) 'Towards a feminist cultural criticism: Hegemony and modes of social division', *Cultural Critique* 14 (Winter): 259–301.
- Robinson, W. I. (2005) 'Gramsci and globalization: From nationstate to transnational hegemony', *Critical Review of International Social and Political Philosophy* 8(4): 559–74.
- Rosenberg, J. (1994) *The Empire of Civil Society: A Critique of the Realist Theory of International Relations*. London: Verso.
- Rowe, W. and Schelling, V. (1991) *Memory and Modernity: Popular Culture in Latin America*. London: Verso.
- Rupert, M. (1995) *Producing Hegemony: The Politics of Mass Production and American Global Power*. Cambridge University Press.
- Rupert, M. (2000) *Ideologies of Globalisation: Contending Visions of a New World Order*. London: Routledge.
- Rustin, M. (1987) 'Absolute voluntarism: Critique of a Post-Marxist concept of hegemony', *New German Critique* 43: 146–73.
- Salem, S. (2020) *Anticolonial Afterlives in Egypt: The Politics of Hegemony*. Cambridge University Press.
- Sanbonmatsu, J. (2004) *The Postmodern Prince: Critical Theory, Left Strategy, and the Making of a New Political Subject*. New York: Monthly

Review Press.

- Sassoon, A. S. (1987) *Gramsci's Politics*, 2nd edition. London: Hutchinson.

- Sassoon, D. (1981) *The Strategy of the Italian Communist Party: From the Resistance to the Historic Compromise*. London: Pinter.

- Sassoon, D. (1990) 'The role of the Italian Communist Party in the consolidation of parliamentary democracy in Italy' in G. Pridham(ed.) *Securing Democracy: Political Parties and Democratic Consolidation in Southern Europe*. London: Routledge.

- Schecter, D. (1991) *Gramsci and the Theory of Industrial Democracy*. Aldershot: Avebury.

- Schmidt, B. C. (2018) 'Hegemony: A conceptual and theoretical analysis', *Dialogue of Civilizations Research Institute, Expert Comment* (August): https://doc-research.org/2018/08/hegemony-conceptual-theoretical-analysis.

- Schwarzmantel, J. (2015) *The Routledge Guidebook to Gramsci's Prison Notebooks*. Abingdon: Routledge.

- Shore, C. (1990) *Italian Communism: The Escape from Leninism*. London: Pluto.

- Sim, S. (2000) *Post-Marxism: An Intellectual History*. London: Routledge.

- Smith, A. M. (1994) *New Right Discourse on Race and Sexuality: Britain, 1968–1990*. Cambridge University Press.

- Stokes, D. (2018) 'Trump, American hegemony and the future of the liberal international order', *International Affairs* 94(1): 133–50.

- Togliatti, P. (1976) *Lectures on Fascism*. New York: International Publishers.

- Togliatti, P. (1979) *On Gramsci and Other Writings*. London: Lawrence & Wishart.

- Tønder, L. and Thomassen, L. (eds.) (2005) *Radical Democracy: Politics Between Abundance and Lack*. Manchester University Press.

- Torfing, J. (1998) *Politics, Regulation, and the Modern Welfare State.* Basingstoke: Macmillan.

- Torfing, J. (1999) *New Theories of Discourse: Laclau, Mouffe and Žižek.* Oxford: Blackwell.

- Tormey, S. (2015) *The End of Representative Politics.* Cambridge: Polity.

- Townshend, J. (2003) 'Discourse theory and political analysis: A new paradigm from the Essex school?' *British Journal of Politics and International Relations* 5(1): 129–42.

- Urbinati, N. (1998) 'From the periphery of modernity: Antonio Gramsci's theory of subordination and hegemony', *Political Theory* 26(3): 370–91.

- Vacca, G. (2020) *Alternative Modernities: Antonio Gramsci's Twentieth Century.* Basingstoke: Palgrave Macmillan.

- Wallerstein, I. (2004) *World-System Analysis: An Introduction.* London: Duke.

- Waltz, K. N. (1979) *Theories of International Politics.* London: Addison-Wesley.

- Watson, A. (2007) *History and Hegemony.* London: Routledge.

- Webb, M. C. and Krasner, S. D. (1989) 'Hegemonic stability theory: An empirical assessment', *Review of International Studies* 15(2): 183–98.

- Wenman, M. (2013) *Agonistic Democracy: Constituent Power in the Era of Globalisation.* Cambridge University Press.

- Williams, R. (1961) *The Long Revolution.* London: Penguin.

- Williams, R. (ed.) (1968) *May Day Manifesto 1968.* London: Penguin.

- Williams, R. (1977) *Marxism and Literature.* Oxford University Press.

- Williams, R. (2001) 'Culture is ordinary' [1958] in J. Higgins (ed.) *The Raymond Williams Reader.* Oxford: Blackwell.

- Worth, O. (2015) *Rethinking Hegemony.* London: Macmillan Education – Palgrave.

찾아보기

ㄱ

- 가에타노 모스카Gaetano Mosca 51
- 갈등적 관점 134
- 감정의 구조 91
- 강압적 조치 98
- 거대 블록 69
- 거대 서사 111, 116
- 거버넌스의 위기 93
- 결절점 121, 202
- 결핍의 존재론 185
- 경제결정론 26, 49, 60, 80, 87
- 경제적 하부구조 106
- 경제지상주의 41
- 경제협력개발기구(OECD) 162
- 경합적 아나키즘 200
- 경합주의 134, 200
- 계급 분파 82
- 계급 연대 23
- 계급의식 75~77, 82
- 계급 정치 80, 96, 133
- 계급 투쟁 73, 84, 88, 169
- 계몽주의 이성 111
- 계층화 186
- 《공산당 선언Communist Manifesto》 44
- 공통 문화 90, 94
- 공통의 독특성 196
- 공통의 에토스 35, 44
- 과잉의 존재론 186
- 관계의 장 18, 175
- 관계의 지형 18, 178
- 구성된 외부 135

- 구조적 앙상블 79
- 구조주의 79, 81, 83~85, 87, 94
- 구조적 불평등 166
- 구체제 37, 46
- 규율적 신자유주의 163
- 국가건설 모델 139
- 국가이론 82, 83, 101
- 국가 정체성 23
- 국가주의 84, 125, 137, 176, 178, 180, 182, 209
- 국민국가 12, 31, 142, 152, 157, 159, 161, 162, 168, 172, 189, 202, 209, 210
- 국민-인민적 12, 41, 54, 61, 157, 179, 206
- 국가 자본주의 25
- 권력 블록power bloc 83, 84, 100, 163
- 권위주의적 국가주의 84
- 국제관계론 154, 164
- 국제정치학 26
- 국제통화기금(IMF) 162
- 《군주론The Prince》 41, 54

- 《그람시는 죽었다Gramsci is Dead》 180
- 글로벌 거버넌스 기구 162
- 극성polarities 148
- 근대의 주변부 34
- 글로벌 공명 기계 188
- 급진 민주주의 포퓰리즘 137
- 금본위제 155
- 기동전 32, 48, 67, 170
- 기득권층 77
- '기술관료적' 통치 모델 135
- 기준점 29, 93, 184
- 기호학 91

ㄴ

- 나치즘 83
- 냉전Cold War 26, 63, 74, 108, 111, 130, 148, 159, 160
- 네스토르 키르치네르Nestor Kirchner 137

- 노동계급 30, 34, 35, 57, 63, 66, 76, 77, 80, 84, 91, 110, 117, 119, 123
- 노동운동 88
- 노동주의 76
- 노암 촘스키Noam Chomsky 144
- 〈뉴 레프트 리뷰New Left Review〉 75
- 니코스 풀란차스Nicos Poulantzas 81~84, 92, 97
- 니콜로 마키아벨리Niccolo Machiavelli 17, 18, 31, 41, 54, 146, 149

ㄷ

- 다극 체제 148
- 다원주의 23, 130, 132-134, 140, 183, 198
- 다원화의 에토스 198
- 다중 195, 196, 202
- 단극 체제 148
- 담론 구성체 120
- 담론적 접합 187
- 대의 논리 180
- 대의민주주의 66
- 대량문화 88
- 대적자적 경쟁 135
- 대중문화 88, 90
- 대처리즘Thatcherism 25, 87, 94-102, 104, 105, 118, 121, 123, 179
- 대항 헤게모니 169-171, 176
- 도널드 트럼프 104, 105, 128, 129, 168
- 도시국가 12, 142
- 도피에자doppieza 66
- 독점 자본주의 152
- 동의의 구축 42
- 두 국민 전략 100
- 등가 사슬 122, 128, 129, 132

ㄹ

- 랄프 밀리밴드Ralph Miliband 82
- 로널드 레이건 95
- 로버트 콕스Robert W. Cox 26, 153~158, 170
- 러시아 혁명 36, 38, 65, 66
- 레닌주의 54, 57, 131, 183
- 레이먼드 윌리엄스Raymond Williams 20, 74, 89~91
- 레짐regimes 46, 173, 175, 192
- 레퍼토리repertoire 97
- 루이 알튀세르Louis Althusser 79~81, 92
- 리바이어던Leviathan 16
- 리아상블라주 190, 194
- '리좀적rhizomatic' 활동 186
- 리처드 데이Richard Day 180, 181, 194, 199

ㅁ

- 마르크스주의 논쟁 9, 25
- 마르크스주의 국가이론 82, 101
- 마틴 자크Martin Jacques 96
- 〈맑시즘 투데이Marxism Today〉 96
- 《메이데이 매니페스토May Day Manifesto》 73
- 무솔리니 28, 37, 38
- 무정부 상태anarchy 143, 145
- 무지개 정치 136
- 문화연구 21, 25, 70, 88, 91, 101
- 문화적 헤게모니 45, 91
- 물리력 29, 31, 43, 46, 47, 59, 60, 98, 145
- '미국을 다시 위대하게Make America Great Again' 129
- 미국주의 56
- 미셸 푸코Michel Foucault 112, 113, 116, 117, 120, 191, 194
- 민속지학적 91

- 민주적 시민권 136, 137
- 민주적 초국가주의 171

ㅂ

- 반체제 8
- 반인종주의 111
- 반자본주의의 등대 110
- 반주변부 153
- 반헤게모니 125, 204
- 밥 제솝 Bob Jessop 85, 86, 87, 96, 99~101, 105, 164
- 범세계적 민주주의 171
- 변증법 49, 85, 87
- 보수당 96, 100
- 복지국가 69, 70, 110, 155, 161
- 볼셰비키 Bolshevik 24, 30, 37, 39
- 부르주아 계급 46, 47, 76, 83
- 부르주아 국가 46, 78
- 부르주아 헤게모니 84
- 부르주아 혁명 46, 75
- 부정성 184, 185
- 북대서양조약기구(NATO) 155
- 불균형 10, 153
- 불평등 10, 11, 12, 34, 72, 138, 145, 153, 166, 168, 180, 203
- 비어 있는 기표 128, 179
- 비판적 담론 이론 124
- 비판적 자의식 51
- 빌프레도 파레토 Vilfredo Pareto 51
- 브렉시트 168
- 쁘띠부르주아지 분파 83
- 블라디미르 일리치 '레닌' Vladimir Ilyich Lenin 30, 37, 45, 152

ㅅ

- 사물 의회 199
- 사울 뉴먼 Saul Newman 181, 182, 193, 196, 200

- 사회 구성체 130
- 사회민주주의 57, 74, 85, 95, 100, 110, 137, 138
- 사회 정체성 109, 126, 140, 165, 167, 185
- 사회혁명 182
- '사파티스타' 공동체 170
- 삼자 위원회 Trilateral Commission 16
- 상부구조 42, 49, 106, 170
- 상식 21, 50, 53, 54, 56, 61, 96, 97, 105, 191
- 상징 구조 17
- 상징적 개입 93
- 상징적 동일시 114
- 생명정치 191, 195
- 생명 철학 186
- 생산 양식 79, 81, 82, 84
- 생태주의 111
- 샹탈 무페 Chantal Mouffe 25, 117~125, 127, 129-132, 134-140, 171, 172, 184, 185, 187, 197, 198, 201-203, 206
- 서벌턴 subaltern 50, 52, 54

- 성 castle 18
- 세계무역기구(WTO) 162
- 세계사회포럼 World Social Forum 182
- 세계체제론 152, 153
- 세계화 27, 152, 159, 161, 166, 171, 172, 174, 204
- 섹슈얼리티 116 124, 125, 132
- 수동 혁명 32, 55, 167, 169
- 수에즈 위기 77
- 소비자본주의 70
- 소비에트 연방 55, 63, 65, 66, 74, 80, 110, 111, 148, 159, 170
- 스탈린 55, 63, 65, 74
- 스튜어트 홀 Stuart Hall 21, 89, 91-93, 96-99, 101, 102, 105, 118
- 시민권 136, 137
- 시민사회 42-47, 49, 50, 55, 56, 59, 65, 139, 154, 157, 171, 207
- 시민 종교 34
- 시장 메커니즘 161
- '시장 문명화' 프로젝트 163

- 신그람시주의Neo-Gramscian 26, 145, 156, 161, 165, 167, 169, 171, 179, 182
- 신우파New Right 110, 116
- 신유물론 27, 186
- 신자유주의 26, 135, 137, 138, 161, 163-171, 174, 188, 191, 192, 193, 201-204
- 신좌파New Left 75, 88, 91
- 신현실주의 146
- 실질적 민주주의 131
- 실천 14, 18, 20, 44, 52, 88, 120-122, 124, 184, 186, 191, 195, 200, 210

ㅇ

- 아상블라주 189
- 아나키스트 27, 199, 204
- 아나키즘 181, 183, 186, 200
- 아파르트헤이트 26, 125
- 아르케arche 181
- 앙시앵 레짐Ancien Regime 46

- 양극 체제bipolar 148
- 양극화 69, 73, 74, 95, 105, 119, 122, 132
- 억압 11, 90, 112, 132, 186, 192, 204, 209
- 에녹 파월Enoch Powell 92
- 엘리트 탄생 51
- 엥겔스 11, 44
- 역사적 블록 32, 33, 49, 155, 162, 170
- 역사적 필연성 119
- 역장field of forces 17
- 역학 관계 71, 92, 93, 102
- 영토화 186, 189
- 《옥중수고Prison Notebooks》 40-42, 45, 50, 55, 59, 62, 63
- 요새 43, 48
- 우고 차베스Hugo Chavez 103
- 운동들의 운동movement of movements 172
- 우선순위 14, 22, 48, 101, 154, 158
- 《위기 관리Policing the Crisis》 92

찾아보기 **233**

- 유럽사회포럼 171
- 유럽 협정 150
- '유령 같은 인민의 몸' 198
- 유기적 지식인 52, 54, 56
- 윤리적 국가 45, 49
- 워싱턴 합의 163
- 원시적 소아병 primitive infantilism 40
- 원주민 운동 103
- 윌리엄 코널리 Willam Connolly 188, 194
- 의회 개혁주의 67
- 의회 민주주의 67, 131, 133
- 응축 103, 126
- 이데올로기적 국가 장치 81
- 이데올로기주의 ideologism 99
- 이분법 31, 73, 115
- 이론적 반인간주의 80
- 이안 클라크 Ian Clark 34, 36, 144, 149~151, 157, 160
- E. P. 톰슨 Thompson 89
- 인과적 개념 16

- 인과적 권력 모델 17, 18
- '인디그나도스 Indignados' 운동 182
- 인종차별주의 126, 137
- 임마누엘 월러스타인 Immanuel Wallerstein 152
- 일두체 38

ㅈ

- 자기 동일성 self-identity 114
- '자본주의 국가' 81
- 자본주의 헤게모니 76
- 자아 예술 194
- 자아정체성 165
- 자연과학 16
- 자유 무역 104, 154, 155
- 자코뱅파 46, 54, 133, 198
- 자크 데리다 Jacques Derrida 112, 114, 115-117, 120
- 자크 라캉 Jacques Lacan 112-114, 116, 117, 126, 127, 185

- 장 프랑수아 리오타르Jean-Francois Lyotard 111
- 적대antagonism 43, 73, 95, 121, 122, 127, 128, 132~137, 161, 179, 184, 187, 203
- '전략적-관계적'접근방식 87
- 전위 정당 30
- 전장battlefied 18
- '점거' 운동 170, 182
- 정동적 190, 193~197
- 정신분석학 113, 129, 185
- 정체성 정치 197
- 정통주의orthodoxy 74
- 제국주의 36, 75, 77, 152, 154
- 제로섬 16
- '제2물결' 111
- 제인 베넷Jane Bennett 199
- 젠더 106
- '좌파의 정치는 하나가 아니다' 134
- 좌파 헤게모니 134
- 조르조 아감벤Giorgio Agamben 196

- 존재론 27, 177, 183, 184~187, 200, 203
- 주권적 소비자 164
- 주변부 34, 38, 116, 153, 155, 167
- 주세페 마치니Giuseppe Mazzini 34
- 주체성 14, 15, 19, 21, 61, 113, 118, 140, 174, 190, 191, 193, 194, 196
- 주체화subjectification 191, 194
- 중앙집권적 30, 55, 112
- 중차대한 위기 92, 100
- 지구-물리학적 언어 187
- 지대 자본 83
- 지배권 18
- 지배의 정치 177
- 지적 종속 53
- 진지전 32, 48, 67, 155, 205
- 집단 정체성 118, 139, 165, 195, 197
- 집단주의 111
- 집합적 지식인collective intellectual 66, 171

- 질 들뢰즈Gilles Deleuze 186, 187, 188, 194, 204

ㅊ

- 차연différance 114
- 차르 정권Tsarist regime 30
- 철의 법칙 35
- 차이와 동질감 133
- 초국적 162, 169, 174, 179
- 최종심급 81, 87, 126
- 축적 전략 86, 87

ㅋ

- 크리스티나 페르난데스 데 키르치네르Cristina Fernandez de Kirchner 137

ㅌ

- 탁심 게지 파크 시위 182
- 탈구dislocation 126-128, 133, 136
- 탈구축 114, 117, 118
- 탈동일시 196
- 탈사회주의 140
- 탈산업화 161
- 탈식민화 73
- 토머스 홉스Thomas Hobbes 16~18, 149
- 토루 43
- 톨리아티 62-66
- 톰 네언Tom Nairn 75, 77, 78, 82
- 통치성 191
- 통합국가 32

ㅍ

- 파괴적 권력 196

- 파시스트 28, 37, 38, 62, 67, 80
- 파시즘 29, 37, 59, 64, 83, 122
- 팍스 브리태니커 148, 151, 154
- 팍스 아메리카나 155
- 패권 12, 45, 47, 143, 153
- 패권국 147, 148, 157, 159
- 페론주의 118
- 페리 앤더슨 Perry Anderson 12, 31, 60, 71, 75~78, 82
- 펠릭스 가타리 Felix Guattari 186-188
- 편견 10, 54, 76
- 포데모스 Podemos 138
- 포드주의 56, 88, 162
- 포스트-구조주의 115, 116, 118, 125, 181, 184
- 〈포스트모던의 조건〉 111
- 포스트-아나키스트 정치철학 181
- 포스트-토대주의 184, 185
- 포스트-헤게모니 177
- 포스트휴먼 199
- 포클랜드 전쟁 98
- 포퓰리즘 populism 25, 93, 94, 97, 102, 103, 118, 129, 136-138, 167, 172, 179
- 풍요의 존재론 185, 187, 203
- 표현주의 접근법 91
- 프랑스 혁명 46, 54, 78
- 프레더릭 테일러 Frederick W. Taylor 56
- 프로이트 113
- 프롤레타리아트 195, 196

ㅎ

- 하위문화 91
- 하트와 네그리 Hardt and Negri 188
- 해석적 범주 208
- 해자 43
- 해체주의 129
- 핵심부 153
- '행위의 정치' 199
- 허위의식 50

- 《헤게모니와 사회주의 전략, 급진 민주주의 정치를 향하여Hegemony and Socialist Strategy: Towards a Radical Democratic Politics》 117, 119

- 헤게모니 프로젝트 86, 96, 98

- 헤들리 불Hedley Bull 149

- 혁명당 40, 41, 54

- 현대문화연구센터CCCS 91

- 현대의 군주Modern Prince 41, 54, 55, 171, 197

- 현실주의 26, 140, 146~148, 150, 156

- 형이상학적 폭력 115

- 헤게모니 안정이론 147, 157

- 헤게모니 전략 23, 55, 58, 122, 179

- 협상 장소 21

- 환원주의 41, 80, 208

- 혼합 경제 155

- 후안 페론Juan Peron 103

- 힘의 불균형 10

- 〈흑인의 생명도 소중하다 Black Lives Matter〉 129

권력과 지배의 메커니즘,
그람시 사상에서 국제관계까지

헤게모니

초판 1쇄 인쇄 2025년 08월 30일
초판 1쇄 발행 2025년 08월 30일

지은이 | 제임스 마틴
옮긴이 | 안종희
감 수 | 이승원

펴낸곳 | 도서출판 생각이음
펴낸이 | 김종희
디자인 | 김서영

출판등록 | 2017년 10월 27일(제2019-000031)
주소 | (04045) 서울시 마포구 양화로 64, 8층 LS-837호(서교동, 서교제일빌딩)
전화 | (02)337-1673
전자우편 | thinklink37@naver.com

ISBN 979-11-987407-3-1   03340

이 도서정보는 서지정보유통지원시스템 홈페이지(http://seoji.nl.go.kr)와
국가자료종합목록 구축시스템(http://kolis-net.nl.go.kr)에서도 이용하실 수 있습니다.
잘못된 책은 구입하신 곳에서 바꾸어 드립니다.